Gerlinde Baumann

Die Bibel

Wissen was stimmt

HERDER spektrum

Band 5955

Das Buch

Die Bibel – ein Bestseller. Weltweit. Aber wer hat ihn gelesen? Was stimmt, wenn es um das Buch der Bücher geht? Wer hat es geschrieben? »Heilige Schrift« und »Gottes Wort« – was heißt das? Spricht die Bibel unmittelbar zu jedem Menschen, oder können nur Fachleute sie verstehen? Worum geht es im »Alten Testament«, und welche Bedeutung hat es; was wird im »Neuen Testament« erzählt? Was bedeutet es für Christen und Juden, dass das Alte Testament Heilige Schrift beider Religionen ist? – Antworten auf die Fragen nach der Entstehung der Bibel und nach der Welt, in der sie entstanden ist – ein Zeitraum von immerhin rund tausend Jahren –, nach ihrer Auslegung, ihrer Bedeutung für das Leben heute – und auch nach ihren dunklen Seiten. Ein klarer Überblick und präzise Informationen: Was Sie schon immer über die Bibel wissen wollten – hier sind die Antworten.

Die Autorin

Gerlinde Baumann, Dr. theol., geb. 1962, Studium der Ev. Theologie, Ägyptologie und Altorientalistik; Promotion 1997; Ordination zur Pfarrerin 2003; Habilitation 2004. Seitdem Privatdozentin für Altes Testament am Fachbereich Ev. Theologie der Universität Marburg; zahlreiche Publikationen.

Gerlinde Baumann

Die Bibel

Wissen was stimmt

HERDER

FREIBURG · BASEL · WIEN

Umschlagkonzeption und -gestaltung:
R · M · E München / Roland Eschlbeck, Liana Tuchel
Umschlagmotiv: © Corbis

Herstellung: fgb · freiburger graphische betriebe
www.fgb.de

Gedruckt auf umweltfreundlichem, chlorfrei gebleichtem Papier
Printed in Germany

ISBN 978-3-451-05955-1

Inhalt

Einleitung

Die Bibel ist *der* Weltbestseller. Von den Bibelgesellschaften sind weltweit im Jahr 2006 über
25,7 Millionen Exemplare der Bibel abgegeben
worden; einschließlich Teilbibeln sind es fast
400 Millionen.

Rekorde hält die Bibel nicht nur, was ihre quanti-
tative Verbreitung angeht. Wie kein zweites Buch
beeinflusst sie die Kulturen der Welt. Seit bald
zwei Jahrtausenden prägt der Bibelgebrauch von
Judentum und Christentum Teile des Vorderen
Orients und Europa. Durch die christliche Missionstätigkeit in Afrika, Asien und Amerika haben auch diese Kulturen die Bibel kennengelernt.
Es existiert kaum ein Kulturraum, der nicht in
Kontakt mit der Bibel gekommen ist.

Die Wahrnehmung der Bibel ist durch Vorver-
ständnisse oder Vorgaben beeinflusst. Diese können kultureller oder religiöser Natur sein oder
durch aktuelle Problemlagen bestimmt werden.
So dauert auch in Juden- und Christentum die
Auseinandersetzung um die angemessene Auslegung der Bibel an. Immer wieder neu wird darum gerungen, wie mit der Bibel umgegangen
werden soll.

Dieses Buch versucht, auf wichtige Fragen zur Bibel zu antworten. Die Antworten werden auf
dem Hintergrund des derzeitigen Stands der Bi-

belwissenschaften gegeben. In knapper Form werden Einblicke in die Entstehung und den Inhalt (2.), die Welt (3.) und die Auslegung (4.) der Bibel gegeben. Drei problematische Textbereiche werden gesondert betrachtet (5.). Bei der Auslegung werden vor allem die in Europa bestimmenden Traditionen berücksichtigt: Neben dem Judentum sind das die drei großen christlichen Konfessionen Orthodoxie, Katholizismus und Protestantismus. Die beiden letzten nehmen den meisten Raum ein, weil sie hierzulande in Kirche und Wissenschaft am stärksten präsent sind.

Für Gespräche und Anregungen sei Judith Hartenstein und Karin Finsterbusch gedankt.

Die Bibel und ihre Entstehung

»Die Bibel ist Gottes Wort«

Was ist die Bibel?

Zunächst einmal ist die Bibel ein Buch. Nach Ansicht vieler christlicher Gläubigen eines, das Gottes Wort enthält. Wie aber können göttliche Worte, die doch in jeder neuen Lebenssituation aktuell sein sollen, in einem antiken Buch festgehalten sein?

Um die Frage nach dem Charakter der Bibel zu beantworten, ohne sogleich in tiefgreifende religiöse oder konfessionelle Debatten zu geraten, wollen wir uns ihr zunächst einmal möglichst unvoreingenommen nähern. Sehen wir uns eine Bibel an, wie sie in einer Buchhandlung erhältlich ist. Auf dem Buchdeckel oder dem Titelblatt erhalten wir eine Information: Wir halten nicht einfach »die Bibel« in Händen, sondern die Bibel »nach der Übersetzung Martin Luthers«, die »Einheitsübersetzung des Alten und Neuen Testaments«, die »Gute Nachricht Bibel« oder die »Bibel in gerechter Sprache«. Es gibt also mehrere und unterschiedliche Bibeln, genauer gesagt: Bibel*überset-*

Die Bibel auf Deutsch: immer eine Übersetzung

zungen. Die Bibel ist ursprünglich nicht auf Deutsch verfasst worden, sondern in hebräischer, aramäischer und griechischer Sprache.

> »Nicht nur dieses Buch, sondern auch die Tora, die Propheten und die übrigen Schriften weisen keinen geringen Unterschied auf, wenn man sie in der Ursprache liest.«
> Sirach, Prolog

Sie ist in vielen unterschiedlichen Übersetzungen auf dem Markt. Jede Übersetzung besitzt ihren eigenen Schwerpunkt und ist meist für eine bestimmte Zielgruppe gedacht. Die Lutherübersetzung in der Revision (Überarbeitung) von 1984 ist die maßgebliche Bibel der evangelischen Kirchen in Deutschland. Die Einheitsübersetzung ist in Teilen ein ökumenisches Projekt. Seit ihrem Erscheinen 1980 ist sie vor allem die Übersetzung der katholischen Kirche im deutschsprachigen Raum. Als »Bibel in heutigem Deutsch« ist die »Gute Nachricht« in den 1970er-Jahren erschienen; 1997 ist die Revision dieses evangelisch-katholischen Projektes herausgekommen. Ein Neuling auf dem Markt ist die »Bibel in gerechter Sprache« (2006). Ihr Anliegen ist es, ohne konfessionelle Perspektive die neuesten Ergebnisse des jüdisch-christlichen Dialogs, der sozialgeschichtlichen und der feministischen Bibelforschung zu berücksichtigen.

Vielfalt der Übersetzungen

Wir halten also eine von zahlreichen Bibelübersetzungen in Händen. Wenn wir einen Blick in das Inhaltsverzeichnis werfen, dann entdecken wir, dass die Bibel ihrerseits aus vielen Büchern besteht.

Denn sie ist eigentlich kein Buch, sondern eine ganze Bibliothek. Das Wort »Bibel« stammt ursprünglich aus dem Griechischen. Bereits in der Bibel selbst (1 Makkabäer 12,9) steht die Bezeichnung *ta biblia ta hagia* »die heiligen Bücher«. Ursprünglich bezeichnet »die Bibel« die Bücher des Alten Testaments. Vom zweiten nachchristlichen Jahrhundert an wird dieser Name im Christentum auch auf die neutestamentlichen Schriften ausgedehnt.

Das Judentum nennt das Schriftencorpus eher selten »Bibel«. Es wird »Mikra'« (das Vorgelesene) oder »TaNaK« genannt, ein Kunstwort aus den Anfangsbuchstaben der hebräischen Bezeichnungen der drei Kanonteile: *tora* (Weisung) – *nebiim* (Propheten) – *ketubim* (Schriften). Im mittelalterlichen Christentum wird das Wort *biblia* nicht mehr als griechischer Plural, sondern als lateinischer Singular verstanden: »das Buch«. Hieraus wird das deutsche Wort »Bibel« ebenfalls als Einzahl gebildet. So gerät allmählich in Vergessenheit, dass die Bibel eigentlich eine Sammlung von Büchern und nicht ein einziges Buch ist. Der Umfang dieser Bibliothek variiert je nach Religion und Konfession (vgl. S. 38–47).

Mikra' und *TaNaK* im Judentum

ta biblia, die Bücher, werden zu der einen *Bibel* im Christentum

Wenn wir das Layout einer Bibel betrachten, so fällt gegenüber anderen Büchern zunächst auf, dass die Bücher meist mit Zwischenüberschriften versehen und der Text durch Zahlen gegliedert ist. Dies sind Beigaben der heutigen Herausgeber. Die Unterteilung in Kapitel wird erst im 13. Jahrhundert vorgenommen, die in Verse noch später. Beide variieren bei manchen biblischen Büchern (z. B. Hosea 3–4).

Noch stärker unterscheiden sich je nach Übersetzung die Zwischenüberschriften. Sie gliedern den Text in Abschnitte und helfen den Lesenden, sich zu orientieren. Dabei lenken sie die Aufmerksamkeit auf ein bestimmtes Thema. So sind die Textbeigaben ein wichtiges Instrument der Leselenkung.

Die Bibel als Wort Gottes? Wessen Worte erwarten wir nun zu finden, wenn wir in der Bibel lesen, dem »Wort Gottes«? Vermutlich Gottes eigene Worte. Wenn wir mit der Lektüre des ersten biblischen Buches beginnen, dann wird diese Erwartung nicht enttäuscht. Tatsächlich wird geschildert, wie Gott die Schöpfung durch sein Wort initiiert. Beim Weiterlesen stellen wir allerdings fest, dass in vielen biblischen Büchern von Gott über viele Kapitel kaum oder gar nicht die Rede ist. Ist die Bibel auch an solchen Stellen Gottes Wort? Ist sie es nur manchmal? Die Frage wird von den Gläubigen unterschiedlich beantwortet (vgl. S. 73–96). Manchen ist die Bibel als Ganze ein Zeugnis von Gottes Wort und Willen, ohne dass jedes einzelne der Wörter von Gott gesprochen oder geschrieben sein muss. Andere halten aber jedes Wort für göttlichen Ursprungs. Die Mehrzahl der christlichen Gläubigen im deutschsprachigen Raum sieht die Bibel als Zeugnis menschlicher Erfahrungen mit Gott, das auch im historischen und kulturellen Umfeld seiner Entstehungszeit zu verstehen ist (vgl. 3). »Gotteswort im Menschenwort« ist eine Formulierung, die diesen Zusammenhang verständlich macht (auch: S. 82).

Wichtig ist den Gläubigen seit Anbeginn die Überlieferung der Bibel. Allerdings ging es ihnen weniger um das Konservieren von »Originaltexten« als vielmehr um immer wieder neu zu erstellende Abschriften. Diese sind häufig auf Papyrus geschrieben – einem billigen Material aus Palmfasern, das nicht sehr dauerhaft ist. Über die Jahrtausende sind Papyri nur im Wüstenklima erhalten geblieben. Haltbarer, aber wesentlich teurer ist Pergament, das aus Tierhaut hergestellt wird. Es wird in größerem Umfang erst in nachchristlicher Zeit verwendet.

Aus welcher Zeit stammen die ältesten »Originale« biblischer Texte? Diese Frage ist kaum zu beantworten, ohne gleichzeitig nach der Zuverlässigkeit und Urtexttreue der antiken Überlieferung zu fragen. Ein Teil des Alten Testaments ist in den Texten von Qumran überliefert. Seit 1947 werden sie neben anderen Funden in der judäischen Wüste entdeckt und nach und nach der wissenschaftlichen Öffentlichkeit zugänglich ge-

Qumran

macht. Die Texte von Qumran gehen auf die Gemeinschaft der Essener zurück (vgl. S. 62). Diese

Anlage von Qumran

jüdische Sekte lebt in den beiden vorchristlichen Jahrhunderten abgeschieden am Toten Meer.

Die Texte von Qumran bestehen zum Teil aus Neuschöpfungen der Essener, zum Teil aber auch aus alttestamentlichen Texten wie den Psalmen, dem Jesajabuch oder prophetischen Schriften. Allerdings haben die Essener ihre Theologie bei der Abschrift der Texte in sie eingetragen. Deshalb spiegeln diese Textfassungen wohl nicht den Wortlaut der ältesten Textüberlieferung wider.

Frühe Übersetzungen des Alten Testaments

Bereits in vorchristlicher Zeit wird das hebräische Alte Testament mehrfach übersetzt. Auch hiervon sind Fragmente erhalten. Die Übersetzung und Erläuterung des hebräischen Alten Testaments in aramäischer Sprache heißen Targumim. Das Aramäische ist seit der Perserzeit (ab 539 v. Chr.) die vorherrschende Sprache des vorderen Orients. Dadurch wird die Verbreitung des Hebräischen eingeschränkt: Nicht mehr alle Gläubigen beherrschen es, sodass eine Übersetzung der bis dahin entstandenen biblischen Schriften notwendig wird. Die Targumim geben einen Einblick in die theologischen Anschauungen ihrer Zeit und sind wichtige Zeugen der alttestamentlichen Textüberlieferung. Allerdings erläutern und ergänzen sie den Text an vielen Stellen, weshalb sie zur Rekonstruktion der ältesten Textfassungen nur von eingeschränktem Wert sind. Die ältesten erhaltenen Targum-Fragmente stammen aus Qumran.

Aus ähnlichen Gründen wie die aramäische entsteht auch die griechische Übersetzung des Alten

DIE BIBEL UND IHRE ENTSTEHUNG

Testaments: Seit dem Alexanderzug (334–323 v. Chr.) und dem Ende des persischen Großreichs treten die griechische Kultur und Sprache ihren Siegeszug durch den Orient an. Gleichzeitig verbreitet sich das frühe Judentum auch in der griechischsprachigen Welt des Mittelmeerraums. Seit dieser Zeit entsteht die griechische Übersetzung des Alten Testaments. Sie wird Septuaginta, »siebzig«, genannt: Nach der Erzählung des Aristeasbriefes (um 100 v. Chr.) haben 72 Jerusalemer Gelehrte den hebräischen Text der ersten fünf biblischen Bücher im 3. Jahrhundert v. Chr. für die alexandrinische Bibliothek ins Griechische übersetzt. Historisch zutreffend ist dies kaum; wahrscheinlicher ist, dass die Septuaginta ab dem 3. Jahrhundert v. Chr. gewachsen ist. Die ältesten erhaltenen Fragmente stammen aus dem 2. Jahrhundert v. Chr. Die Septuaginta beinhaltet neben den – häufig deutenden – Übersetzungen der hebräischen Schriften auch die deuterokanonischen Schriften (vgl. S. 38 f.) des Alten Testaments. Diese entstammen der Zeit, in der die anderen Schriften der Septuaginta übersetzt worden sind.

Septuaginta: die griechische Fassung des Alten Testaments

Wichtig für die Rekonstruktion des ursprünglichen Wortlauts biblischer Texte sind noch weitere antike Textüberlieferungen. Hierzu gehören die syrische Überlieferung (Peschitta) und die lateinische Überlieferung (Vetus Latina; Vulgata). Der Stellenwert dieser Texte muss jeweils abgewogen werden. Während sie an vielen Stellen eine Übersetzung aus dem Griechischen darstellen, weichen sie manchmal auch ab und werden zu einem eigenständigen Text.

Vulgata: die lateinische Übersetzung des Alten Testaments

Die nach Ansicht der Bibelwissenschaft älteste Textform des Alten Testaments ist der »masoretische Text«. Er geht auf die Tätigkeit jüdischer Schriftgelehrter, der Masoreten, zurück. Was macht diesen Text so zuverlässig? Er ist in hebräischer Sprache gehalten, also der biblischen Ursprache. Er ist keine deutende Übersetzung in eine andere Sprache wie die aramäischen Targumim oder die griechische Septuaginta oder aber ein Text mit der Eintragung theologischer Sondermeinungen wie die Qumran-Texte. Allerdings sind die erhaltenen masoretischen Ausgaben deutlich jünger als etwa die Qumran-Texte. Die Grundlage heutiger wissenschaftlicher Arbeit und neuerer Übersetzungen des Alten Testaments ist die »Biblia Hebraica Stuttgartensia«, die seit 1977 vollständig vorliegt. Sie stützt sich maßgeblich auf eine masoretische Abschrift aus dem Jahr 1008 n. Chr., den »Codex Leningradensis«.

Er hat seinen Namen nach dem derzeitigen Aufbewahrungsort erhalten, dem heutigen St. Petersburg. Inwieweit dieser Text tatsächlich an jeder Stelle die älteste Fassung bezeugt, wird in der Bibelwissenschaft (Exegese) diskutiert (vgl. S. 92 f.).

Die ältesten Zeugen alttestamentlicher Texte sind damit kaum älter als die erhaltenen neutestamentlichen Textfragmente. Ein sehr altes Fragment eines neutestamentlichen Textes ist der Papyrus P 52, der etwa 120 n. Chr. entstanden ist und einige wenige Verse aus dem Johannesevangelium enthält (siehe Abbildung auf S. 31). Besser erhalten und deshalb vollständiger überliefert sind die antiken Codizes, die auf Pergament geschrieben sind. Ein wichtiger Textzeuge ist der »Codex Sinaiticus« aus dem 4. Jahrhundert n. Chr. Er enthält das gesamte Neue Testament sowie weitere Schriften in ihrem Umfeld und Teile des griechischen Alten Testaments. Diese kostbare Bibel wird erst im 19. Jahrhundert im Katharinenkloster auf dem Sinai gefunden.

Die wissenschaftliche Rekonstruktion des neutestamentlichen Urtexts geht andere Wege als die des Alten Testaments. Die Grundlage wissenschaftlicher Arbeit und neuerer Bibelübersetzungen ist nicht eine einzige relativ zuverlässige Quelle wie der masoretische Text bzw. der »Codex Leningradensis« im Alten Testament. Stattdessen wird ein Mischtext aus den zahlreichen ältesten Quellen erstellt, in dem die unterschiedlichen Varianten von Wissenschaftlerinnen und Wissenschaftlern gegeneinander abgewogen worden sind. In der 27. Auflage des Neuen Testaments von Nestle/Aland ist dieser Text zugänglich. Das ist die heute maßgebliche, wissenschaftlich abgesicherte Grundlage des neutestamentlichen Textes. Sein Wortlaut ist in dieser Form ein Produkt der Wissenschaft.

Dieser Überblick bezieht sich »nur« auf Abschriften biblischer Texte. Entstanden sind diese in ihrem Wortlaut aber früher und – nach bibelwissenschaftlicher Sichtweise – meist über einen längeren Zeitraum. Damit befasst sich das nächste Kapitel.

Griechisch ist die Ursprache des Neuen Testaments

»Die Bibel ist nicht vom Himmel gefallen«

Wer hat die biblischen Texte verfasst?

Nur in wenigen Fällen lässt sich verlässlich sagen, wer einen biblischen Text verfasst hat. Die biblischen Verfasserangaben sind häufig eher Zuschreibungen als historisch korrekte Auskünfte. In unserem heutigen Verständnis von Autor(innen)schaft und Urheberrecht würden solche Zuschreibungen eines Textes zu einer anderen Person als Betrug angesehen. In der Entstehungszeit der Bibel wird dies jedoch anders gewertet. In der Zuschreibung von Gedanken zu einer anderen Person äußert sich die Wertschätzung ihr gegenüber. Durch die Zuschreibung partizipieren die Schreibenden an der meist höheren Autorität des fiktiven Autors. Dem israelitischen König David werden viele Psalmen zugeschrieben – verfasst hat er wohl keinen einzigen von ihnen. Die prophetischen Bücher des Alten Testaments enthalten dagegen mit einiger Wahrscheinlichkeit *auch* Worte der Propheten, deren Namen sie tragen.

Zu den wenigen Autorenangaben biblischer Schriften, die historisch zutreffend sind, gehört die des Buches Jesus Sirach. Sein Autor ist anerkanntermaßen im 2. Jahrhundert v. Chr. ein »Jesus, Sohn des Sirach«. Sieben der dreizehn Briefe, die den Apostel Paulus als Autor angeben, stammen auch von Paulus. Die anderen sind ihm nur zugeschrieben; sie setzen zum Teil deutlich andere Akzente.

Bei der überwiegenden Mehrzahl der biblischen Bücher liegt die tatsächliche Verfasserschaft damit im Dunkeln. Dieses Dunkel zu erhellen ist eine der Aufgaben, der sich die moderne Bibelwissenschaft seit etwa 300 Jahren annimmt (vgl. S. 92–95). Seit dieser Zeit stehen auch die vorher unumstrittenen Verfasserangaben der biblischen Bücher in Zweifel. Nach dem derzeitigen Stand der bibelwissenschaftlichen Forschung haben die meisten vor allem der alttestamentlichen Bücher ein längeres Wachstum hinter sich. Sie sind ganz überwiegend nicht in ihrer Erstfassung überliefert, sondern in einer Version, die Spuren mehrerer Überarbeitungen zeigt.

Die ältesten Texte der Bibel: 3000 Jahre alt

Die ältesten Passagen der Bibel sind wohl vor etwa 3000 Jahren entstanden und stammen damit aus der Zeit um 1000 v. Chr. Als einer der ältesten Texte gilt das sogenannte Mirjamlied in Exodus 15,20f. Dieser Text steht weder am Anfang der Bibel noch am Anfang eines biblischen Buches. Das lässt Rückschlüsse darauf zu, wie biblische Texte gewachsen sind. Die biblischen Bücher sind nämlich nicht in der

> »Da nahm die Prophetin Mirjam, die Schwester Aarons, die Pauke zur Hand und alle Frauen zogen mit Pauken und im Reigen hinter ihr her. Mirjam sang ihnen vor: Singt dem Herrn, denn er ist hocherhaben, Ross und Reiter warf er ins Meer!« Exodus 15,20–21

Abfolge entstanden, in der wir sie heute vorfinden. So enthält das Buch Genesis zwar alte Textpassagen, ist aber als Ganzes nicht das älteste Buch der Bibel. Auch sind biblische Bücher häufig von innen nach außen gewachsen: Ein älterer Kern wird um jüngere Texte ergänzt. So finden sich ältere Buchteile tendenziell eher in der Mitte eines Buches, jüngere dagegen am Anfang und am Ende.

Die erste Einheit des biblischen Kanons bilden die fünf Bücher Genesis, Exodus, Leviticus, Numeri und Deuteronomium. In der jüdischen Tradition wird die Einheit der fünf Bücher »Tora« genannt, in der christlichen »Pentateuch« oder »die fünf Bücher Mose«. Bis in die voraufklärerische Zeit hinein gilt in Judentum und Christentum Mose als Autor der Bücher.

Tora im Judentum, Pentateuch im Christentum: die fünf Bücher Mose

Auf welche Weise der Pentateuch entstanden ist und wer die einzelnen Teile verfasst hat, gehört zu den umstrittensten Fragen der historisch-kritischen Bibelwissenschaft. Die größte Plausibilität kann derzeit ein Vorschlag für sich in Anspruch nehmen, der einzelne Bestandteile bisher anerkannter Modelle miteinander kombiniert. Danach könnten die ältesten Überlieferungen des Pentateuch in ihrer mündlichen Form bis in die Zeit des ausgehenden 2. Jahrtausends v. Chr. zurückgehen. Es sind dies beispielsweise Erzählungen über die Erzeltern in der Genesis und über die Frühzeit des Volkes Israel. Den Ursprung dieser Überlieferungen bilden Sagen, die um Orte oder besondere Personen kreisen und in Familien oder Sippen tradiert wurden. Die Abfassung von Texten beginnt erst in der israelitischen Königszeit (10.–6. Jh. v. Chr.). Nun werden unter anderem rechtliche Bestimmungen zur Regelung des Zusammenlebens verschriftlicht, wie sie im sogenannten »Bundesbuch«

DIE BIBEL UND IHRE ENTSTEHUNG

(Exodus 20,22–23,33) oder im Deuteronomium zu finden sind.

Historische Brüche (vgl. S. 52–55, dort auch Karte) forcieren das Nachdenken Israels über Gott und wirken als Katalysatoren der Abfassung biblischer Texte. Gerade in den Krisenzeiten wächst das Bedürfnis nach der Bewahrung der eigenen Tradition. 722 v. Chr. wird die Eigenstaatlichkeit des Nordreichs Israel durch das neuassyrische Großreich beendet. Viele Menschen flüchten in das Südreich, also nach Juda und Jerusalem. Zur Selbstvergewisserung schreiben sie ihre Überlieferung auf. Eine erste Phase reger schriftstellerischer, sammelnder und redaktioneller Tätigkeit setzt wohl ab 700 v. Chr. ein. Unterschiedliches Traditionsgut wird zu ersten Kompositionen zusammengefügt, die heute unter anderem im Genesisbuch zu finden sind. Auch eine erste Form des Deuteronomiums entsteht unter dem judäischen König Hiskia (728–699 v. Chr.) und wird unter Josia (641–609 v. Chr.) erweitert. Obwohl sie im Umkreis von Hof und Tempel in Jerusalem entstanden ist, enthält diese Vorfassung des Deuteronomiums auch königskritische Tendenzen.

Eine zweite Zäsur wird durch das Ende des Südreichs Juda gesetzt, das auf den Einmarsch der Babylonier und die Deportation der Oberschicht ins babylonische Exil (587 v. Chr.) folgt. In der Exilszeit (586–538 v. Chr.) werden weitere Überlieferungen verfasst, gesammelt und redigiert. Hinter diesen Bemühungen steht das Bedürfnis nach Vergewisserung der eigenen Identität in einer Umwelt, die andere Traditionen und Denkweisen besitzt. Vor allem das Wirken priesterlicher Kreise schlägt sich in den Ergänzungen von Pentateuch-Texten nieder. Ihre Tätigkeit reicht bis weit hinein in die Zeit des zweiten Jerusalemer Tempels (ab 515 v. Chr.). Die Priester ergänzen die vorhandenen Texte unter anderem um zahlreiche Rechtsbestimmungen zum Bau und zur Ausstattung des Tempels. Durch redaktionelle Verknüpfungen werden die teilweise sehr unterschiedlichen, ja disparaten Texte und Überlieferungen zu einem Ganzen geformt. In seiner heute vorliegenden Form spannt der Pentateuch einen weiten Bogen. Er erzählt die Erschaffung der Welt durch Gott (Genesis 1–3), die Urzeit der Menschheit mit den ersten Vergehen, die Anfänge der Erzeltern Israels, die göttliche Herausführung des Volkes Israel aus der Knechtschaft in Ägypten mit der ausführlich dokumentierten Gabe göttlicher Ordnungen und Gebote sowie der Einsetzung von Regierung und Priesterschaft. Der Erzählbogen endet mit dem Blick des sterbenden Mose in das Land, das Gott seinem Volk geschenkt hat.

Die Bücher Josua, Richter und Rut Während sich der Pentateuch eher um die vorgeschichtliche Zeit Israels dreht, offenbaren die folgenden Bücher großes Interesse an Geschichtsschreibung im damaligen Sinn. Auf den Einzug des Volkes Israel ins »gelobte Land« Kanaan und die vorstaatliche Zeit (ca. 1200–1100 v. Chr.) blicken die Bücher Josua, Richter und Rut aus der Rückschau (9.–4. Jh. v. Chr.). Die zwei Samuel-

und die zwei Königebücher umgreifen in ihrer Darstellung mehrere Jahrhunderte. Der Blick reicht von der Entstehung des Königtums (um 1000 v. Chr.) bis zum Ende der Königszeit Judas (587 v. Chr.). Neben Einblicken in das Leben bei Hofe bekommen die Lesenden einen Eindruck auch von den Problemen der »kleinen Leute«. Die Zusammenstellung dieser Materialien geschieht wohl weitgehend in der Königszeit und im Umkreis von Hof und Tempel. Teilweise parallel zu den Samuel- und Königebüchern schildern die zwei Bücher der Chronik die gleiche Zeit aus noch größerem zeitlichen Abstand: Sie sind eine Schöpfung der nachexilischen Zeit (6.–4. Jh. v. Chr.). In vielen Textpassagen gleichen die geschichtlichen Erzählungen der Chronikbücher ihrer Vorlage aufs Wort, in anderen rücken sie das davidische Königtum und den Tempelkult in ein besseres Licht.

Die Samuel-, Könige- und Chronikbücher

Eine Fortführung finden die Geschichtserzählungen Israels in den nachexilischen Büchern Esra und Nehemia. Sie spiegeln die Sicht von Beamten israelitischer Herkunft, die von der persischen Zentralregierung eingesetzt sind. Erzählt wird der Wiederaufbau des Tempels und der Jerusalemer Stadtmauer. Die Texte legen auch ein Zeugnis von den Auseinandersetzungen um die Zugehörigkeit von nichtisraelitischen Menschen zum Bundesvolk Gottes ab. Drei weitere Bücher handeln vor allem von der Person, deren Namen sie tragen: Ester, Tobit und Judit (4.–2. Jh. v. Chr.). Das Esterbuch setzt sich mit dem Thema der Feindschaft gegen Juden und Jüdinnen auseinan-

Esra und Nehemia

Ester, Tobit und Judit

der. Die Rettung aus der Bedrohung wird bis heute im jüdischen Purimfest gefeiert. Die Bücher Tobit und Judit finden sich nur im griechischen Kanon des Alten Testaments. Beide romanhaften Erzählungen stellen den Lesenden vorbildhaftes Handeln vor Augen.

Die Makkabäerbücher

Anders als die beiden Königebücher stellen die beiden Makkabäerbücher kein zweibändiges Fortsetzungswerk dar, sondern eine Parallelüberlieferung. Beide schildern in positiver Weise die politische Machtausübung der makkabäischen oder hasmonäischen Herrscher in Palästina (2. Jh. v. Chr.), denen es gelungen ist, die Fremdherrschaft der hellenistischen Seleukiden (vgl. S. 52 f.) abzuschütteln.

Die großen Propheten: Jesaja, Jeremia und Ezechiel

Einen dritten Komplex alttestamentlicher Schriften bilden die Bücher der Prophetie. Sie werden unter dem Namen der Propheten überliefert, deren Wirken und Denken sie übermitteln. Der Reigen dieser Bücher wird mit den drei »großen Propheten« Jesaja, Jeremia und Ezechiel eröffnet. Insbesondere das Jesaja- und das Jeremiabuch haben ein längeres Wachstum hinter sich. Die unter dem Namen Jesajas zusammengefasste Überlieferung umgreift die Zeit vom 8. bis zum 5. Jahrhundert v. Chr. Vor allem die Kapitel 40–55 haben eine lange Wirkungsgeschichte: Sie verkündigen in hoffnungsvollen

> »Tröstet, tröstet mein Volk! spricht euer Gott. Redet Jerusalem zu Herzen und ruft ihm zu: Zu Ende ist seine Knechtschaft, gesühnt ist seine Schuld. Eine doppelte Strafe hat es empfangen aus der Hand des Herrn für alle seine Sünden.«
> Jesaja 40, 1–2

Bildern die baldige Heimkehr der Exilierten aus Babylon nach Judäa.

Das Jeremiabuch schildert Geschehnisse aus dem 7. und 6. Jahrhundert v. Chr. Der Kern der prophetischen Botschaft lautet: Gottes Gericht kommt über das Land Juda und seine Hauptstadt Jerusalem, weil die Oberen des Volkes und die Priester gegen die göttlichen Gebote verstoßen haben. Gebote und Verstöße werden ähnlich wie im Deuteronomium verstanden. Das Jeremiabuch steht den Mächtigen seiner Zeit kritisch gegenüber. Seine Entstehung geht wohl auch nicht auf priesterliche oder höfische Kreise zurück, sondern auf den Propheten und ihm nahe stehende Gruppen. Dem Jeremiabuch ähneln die sogenannten Klagelieder (Threni); sie trauern über die Zerstörung der Stadt Jerusalem (587 v. Chr.) und das Leiden der Bevölkerung. Im Kanon der Septuaginta (vgl. S. 15) werden auch das später entstandene Baruchbuch sowie der Brief des Jeremia diesem Propheten zugerechnet.

Geschlossener als Jesaja und Jeremia wirkt das im 6. Jahrhundert entstandene Buch des Propheten Ezechiel (Hesekiel). Die Überlieferung ist in der Zeit des babylonischen Exils angesiedelt. Der Prophet wird von Gottes Hand und Gottes Geist erfasst und in andere Räume und Zeiten versetzt. So gibt er in seiner Prophetie Rückblicke auf die Verfehlungen der Jerusalemer Oberschicht und Priesterschaft, aber auch Vorblicke auf das zukünftige Jerusalem, das Gott erschaffen wird. Während das Ezechielbuch ein starkes Interesse an kultischen Dingen zeigt, ist es doch – wie die

Bücher Jesaja und Jeremia – in kritischer Distanz zur mächtigen Priesterschaft entstanden.

Ein viertes prophetisches Buch besteht aus einer Sammlung kürzerer Schriften. Das Zwölfprophetenbuch umfasst die »kleinen Propheten« Hosea, Joel, Amos, Obadja, Jona, Micha, Nahum, Habakuk, Zefanja, Haggai, Sacharja und Maleachi. sDie Überlieferung dieser Schriften umspannt einen ähnlichen Zeitraum wie die der großen Propheten (8.–4. Jh. v. Chr.). Das Zwölfprophetenbuch hat Vorläufer gehabt; so besteht eine erste Vorform aus den Prophetien Hoseas, Amos' und Michas. Die kleinen Propheten enthalten unterschiedliche Aussagen. Vor allem Amos und Micha nehmen sozial- und teilweise kultkritische Positionen ein. Sonst finden sich sowohl Ankündigungen von Unheil und göttlichem Gericht gegen Israel, Juda, Jerusalem und die Nachbarvölker als auch Ansagen der Wiederherstellung der Staatlichkeit und des davidischen Königtums sowie des Heils für alle Völker.

Die Prophetie Daniels ist nur noch teilweise in hebräischer Sprache überliefert; sie enthält auch aramäische und griechische Passagen. Das Danielbuch wird im 2. Jahrhundert v. Chr. abgeschlossen. Es »spielt« am babylonischen Hof während der Herrschaft Nebukadnezars bis zur Zeit des Perserkönigs Kyros (ca. 600–530 v. Chr.). Der Israelit Daniel bewahrt seinen Glauben in dieser fremden Umgebung auch in Anfechtung und Bedrängnis. Die Daniel zugeschriebenen Visionen werfen auch einen Vorblick auf das Weltende mit dem göttlichen Gericht. Deshalb wird das Danielbuch der apokalyptischen (»aufdeckenden«) Literatur zugerechnet, die den Lesenden die Geheimnisse des göttlichen Zukunftsplans enthüllt.

Der vierte Teil der alttestamentlichen Überlieferung umfasst poetische und weisheitliche Bücher. **Der Psalter**

Das größte und bekannteste dieser Bücher ist der Psalter, das Buch der Psalmen. In ihm sind 150 Hymnen und Gebete unterschiedlicher Art zusammengestellt, die zumindest teilweise auf Lieder zurückgehen, die im Jerusalemer Tempel aufgeführt wurden. Eine Reihe von Psalmen wird einzelnen Personen zugeschrieben. Unter ihnen sticht König David hervor (nach 1. Samuel 16,23).

Tschechischer Maler um 1740: Haggada aus Morava (Mähren): König David, Harfe spielend

Ihm sind unter anderem die Psalmen 3–41 zugeschrieben. Das thematische Spektrum der Psalmen ist breit: Neben Lobliedern auf die göttliche Schöpfung (z. B. Psalm 8; 104) und die göttliche Lenkung der Geschichte Israels (z. B. Psalm 78) steht der Dank über die Errettung aus der Not (z. B. Psalm 18). Viel Raum nehmen auch die Bitten Einzelner um die Bewahrung in Krankheit und tiefer Not (Psalm 6, 13, 22 u. a.) oder Klagegebete des Volkes in schweren Zeiten (z. B. Psalm 74) ein. Der Psalter als Buch datiert wohl in das 2. Jahrhundert v. Chr., die einzelnen Texte können aber bedeutend älter sein. Es sind weisheitliche Kreise, die dem Psalter seine vorhandene Form geben, in der er sich auch als häusliches Gebetbuch eignet.

Das Sprüchebuch, Hiob und Kohelet

Auf weisheitliche Kreise gehen noch andere biblische Bücher zurück. Die Weisen beobachten die Gesetzmäßigkeiten der Natur und des menschlichen Zusammenlebens. Das Buch der Sprichwörter oder Sprüche ist dem König Salomo (10. Jahrhundert v. Chr.) zugeschrieben. Das sprichwörtliche »salomonische Urteil« (1 Könige 3) begründet den Ruhm dieses beispielhaften Weisen des alten Israel. Viele der älteren Einzelsprüche (Sprüche 10–29) gehen wohl auf Volksweisheiten zurück. Das Sprüchebuch wird im 5./4. Jahrhundert v. Chr. abgeschlossen. Aus dieser Zeit stammt auch die Endfassung des Hiobbuchs. In einen Rahmen (Hiob 1 f.; 42,7–17) ist ein Dialog des leidenden Hiob mit seinen Freunden eingebettet. Wie kein zweites biblisches Buch hat das Hiobbuch in vielen Zeiten zu Nachdichtungen angeregt. Dies ist sicher auch auf die dem Buch innewohnende Spannung zurückzuführen: Dem duldsamen Hiob des Rahmens steht der streitbare des Dialogs gegenüber. Im Unterschied zum Hiobbuch hat das Buch Kohelet die Frage nach dem menschlichen Glück zum Thema. Kohelet setzt sich kritisch mit dem weisheitlichen Gedankengut Israels auseinander, das er gegen die hellenistische Denkweise (vgl. S. 60 f.) seiner Zeit (3./2. Jahrhundert v. Chr.) abwägt.

Das Hohelied

Das Hohelied, hebräisch »Lied der Lieder«, ist eine Sammlung von Liebesliedern. Eine Frau und ein Mann wechseln Worte voll erotischer und sexueller Sehnsucht. Lange Zeit ist das Werk ausschließlich als Zeichen der Sehnsucht der Braut Israel nach dem Bräutigam Gott gedeutet worden. Das vorhandene Werk wird im städtischen Milieu der hellenistischen Zeit entstanden sein.

Wie das Sprüchebuch ist auch die griechische, deuterokanonische »Weisheit Salomos« dem weisen König zugeschrieben. Diese Verfasserschaft wird aber bereits in der Antike bezweifelt. Die Weisheit Salomos verknüpft Ermahnungen zu gerechtem Handeln mit der göttlich-weisheitlichen Fügung der Geschichte Israels. Die Vertrautheit mit hellenistischem Denken und die zahlreichen Bezugnahmen auf ältere alttestamentliche Texte weisen auf eine Abfassung durch gebildete Kreise um die Zeitenwende hin.

Die Weisheit Salomos

Beschlossen wird der vierte Teil der alttestamentlichen Überlieferung durch das Sirachbuch. Es geht auf den in Sirach 50,27 genannten Weisheitslehrer »Jesus, Sohn Sirachs« zurück. Das Buch aus dem 2. Jahrhundert v. Chr. versammelt viele Einzelsprüche und ähnelt darin dem Sprüchebuch. Es enthält daneben auch (Sirach 44,1–50,21) einen geschichtlichen Überblick über Israels Geschichte unter der Führung Gottes. Das Sirachbuch ist in griechischer Sprache überliefert; eine hebräische Fassung ist weitgehend verlorengegangen. Auch wenn es nicht zum jüdischen Kanon zählt, wird es zeitweise wie ein kanonisches Buch behandelt. Im Christentum hat es ebenfalls eine große Wirkung entfaltet.

Das Sirachbuch

Das Neue Testament

Das Neue Testament ist nur etwa ein Drittel so lang wie das Alte Testament. Es ist in griechischer Sprache verfasst und enthält vier Evangelien, die Apostelgeschichte, Briefe unterschiedlicher Art und eine apokalyptische Schrift.

Die synoptischen Evangelien: Matthäus, Markus, Lukas

Das Hauptthema der vier Evangelien ist das Leben Jesu. Drei davon – Matthäus, Markus und Lukas – weisen erhebliche Übereinstimmungen im Handlungsablauf und im Wortlaut auf. Sie werden die »synoptischen« (zusammenschauenden) Evangelien genannt. Die bibelwissenschaftliche Forschung geht in der Zwei-Quellen-Theorie davon aus, dass das Markusevangelium eine der beiden Hauptquellen des Matthäus- und des Lukasevangeliums ist. Die zweite Quelle enthält Worte (»Logien«) sowie Gleichnisse Jesu. Sie wird »Logienquelle« genannt. Matthäus und Lukas haben darüber hinaus noch auf eigene Quellen zurückgegriffen, aus denen sie ihr jeweiliges »Sondergut« beziehen.

Das älteste Evangelium ist das Markusevangelium. Auf dieses geht auch die Bezeichnung »Evangelium« (»gute Botschaft«, Markus 1,1) für die Textgattung zurück. Seine beiden Teile schildern das Wirken und die Passion Jesu. Das Markusevangelium setzt die Zerstörung des Jerusalemer Tempels am Ende des jüdischen Kriegs gegen die Römer (66–73 n. Chr., vgl. S. 53) voraus, ist aber wohl nicht lange nach den Ereignissen entstanden. Verfasser und Ort der Abfassung sind unbekannt.

Deutlich länger als das Markusevangelium ist das Matthäusevangelium. In ihm werden auch die

Vorgeschichte des Wirkens Jesu überliefert, längere Reden Jesu sowie die Ostergeschichte. Das Evangelium ist wohl zwischen 80 und 90 n. Chr. entstanden; der Autor ist griechischsprachig und jüdischer Herkunft. Das Matthäusevangelium ist das Evangelium, das in der Kirchengeschichte die größte Wirkung entfaltet hat. Bereits in frühester Zeit wird es für das maßgebliche Evangelium gehalten. An einigen Stellen wird der Text der anderen Evangelien an seinen angeglichen.

Das Lukasevangelium umfasst die gleichen Teile wie das Matthäusevangelium und ist etwas später als dieses entstanden. In der Einleitung stellt sich ein gebildeter Autor vor. Wahrscheinlich ist er mit dem Verfasser der Apostelgeschichte identisch: ein hellenistischer Jude, vielleicht auch ein dem Judentum nahestehender sogenannter »Gottesfürchtiger«. Entstanden ist das Lukasevangelium außerhalb Palästinas, worauf die mangelhafte Ortskenntnis des Autors hinweist.

Charakteristisch für das Johannesevangelium sind längere zusammenhängende Geschichten mit auslegenden Reden Jesu, in denen er über sich spricht – und nicht über das Reich Gottes wie bei den Synoptikern. Der Autor ist wohl ein Christ jüdischer Herkunft und richtet sich trotz seiner antijüdisch klingenden Polemik (vgl. S. 105–111) an eine judenchristliche Gemeinde. Wo das Evangelium verfasst wurde, lässt sich schwer sagen. Seit dem

Papyrus P 52, auf dem Fragmente aus Johannes 18,31–33.37f. zu lesen sind

Fund des Papyrus 52 mit einem Fragment steht außer Frage, dass es bald nach 100 n. Chr. entstanden ist.

Die Apostel-geschichte

Die Apostelgeschichte erzählt von der Ausbreitung der Jesusbewegung und den ersten christlichen Gemeinden in Jerusalem, von der Mission in Palästina und in anderen Teilen des römischen Reiches. Breiten Raum nimmt dabei die Schilderung des Lebens des Apostels Paulus und seiner Missionsreisen ein. In der Apostelgeschichte sind unterschiedliche Quellen ineinandergearbeitet. Das Buch stammt aus der gleichen Hand wie das Lukasevangelium und ist wohl bald nach diesem (ca. 90 n. Chr.) entstanden.

Die Briefe des Neuen Testaments

Neben den Evangelien und der Apostelgeschichte besteht das Neue Testament zu einem beträchtlichen Teil aus Briefen. Viele von ihnen werden von einer Person aus einem bestimmten Anlass an ein konkretes Gegenüber gesandt. Manche der Briefe bedienen sich allerdings nur der Briefform. Im engen Sinne sind sie Lehrtexte oder Abhandlungen.

Paulus: der erste christliche Missionar

Eine Reihe von neutestamentlichen Briefen ist unter dem Namen des Apostels Paulus überliefert. Paulus ist pharisäischer (vgl. S. 62 f.) Jude. Bis zu seiner Bekehrung verfolgt er die Juden und Jüdinnen, die Jesus von Nazareth für den erwarteten Messias halten. Nachdem er selbst zu dieser Ansicht bekehrt wird, ist Paulus maßgeblich für die Ausbreitung des entstehenden Christentums verantwortlich. Gemeinsam mit verschiedenen Mitarbeiterinnen und Mitarbeitern missioniert er vor allem in Kleinasien und Griechenland. Im Zusammenhang mit dieser Tätigkeit stehen auch die paulinischen Briefe. In ihnen geben Paulus und seine Missionsgruppe Antworten auf Fragen der neu gegründeten Gemeinden nach dem christlichen Glauben und der christlichen Lebenspraxis: Sollen sie sich an die jüdischen Vorschriften für Beschneidung, Essen usw. halten? Müssen sie sich den politischen Herrschaftsverhältnissen unterordnen? Wie sieht die christliche Lebensführung angesichts der bald erwarteten Wiederkunft Christi und dem Ende der Zeiten aus? Die Abfassungszeit der Briefe liegt zwischen 50 und 59 n. Chr. Weitere Briefe hat es gegeben, die allerdings verlorengegangen sind.

Sieben der Paulusbriefe werden von der Forschung für original paulinisch erachtet: der 1. Thessalonicherbrief, der Galaterbrief, der Philipperbrief, der Philemonbrief, die beiden Korintherbriefe und der Römerbrief. Die anderen, »unechten« Paulusbriefe oder »deuteropaulinischen Briefe« sind überwiegend deutlich nach den paulinischen verfasst. Zu ihnen zählen der 2. Thessalonicherbrief, der Kolosserbrief, der Epheserbrief sowie die »Pastoralbriefe« (1. und 2. Timotheusbrief; Titusbrief). Die »Deuteropaulinen« geben ein Bild von den Verhältnissen in den Gemeinden des ausgehenden 1. Jahrhundert n. Chr. Sie belegen das Bedürfnis des sich entwickelnden Christentums, sich eine Struktur mit Ämtern und Hierarchien zu geben.

»echt« oder »deuteropaulinisch«?

Die Pastoralbriefe

Alle weiteren Briefe entstammen wohl der Zeit zwischen 100 und 150 n. Chr. Eine Gruppe von sieben Briefen wird unter dem Namen »katholische Briefe« zusammengefasst. Diese Bezeichnung weist darauf hin, dass sie sich an die Gesamtheit (gr. *katholikos*: alle betreffend) der damals existierenden Gemeinden und nicht an einzelne Gemeinden oder Personen richten. Zu dieser Gruppe zählen die drei Johannesbriefe. Sie stehen inhaltlich dem Johannesevangelium nahe. Ihre Themen sind die Auseinandersetzung mit Andersdenkenden und die Warnung vor »Irrlehren« sowie die Mahnung zu gegenseitiger Liebe. Der Jakobusbrief mahnt die Gemeinden, auch in der Bedrängnis standhaft im Glauben zu bleiben. Der Autorität der Apostel Petrus und Judas unterstellen sich drei weitere Briefe: In den beiden Petrusbriefen sowie im verwandten Judasbrief geht es um die Verfolgung der Gläubigen und die Mahnung zur Standhaftigkeit, um die Warnung vor Irrlehren und um die Ermahnung zum Glauben an die Wiederkunft Christi.

Der Hebräerbrief ist im formalen Sinne kein Brief, sondern eher eine Abhandlung. Die Adressatenangabe »an die Hebräer« ist wohl nicht ursprünglicher Bestandteil des Schreibens, zeigt aber zutreffend, dass die Schrift vom Denken des hellenistischen Judentums beeinflusst ist. So wird Jesus unter anderem mit dem jüdischen Titel eines »Hohepriesters« bezeichnet.

Die letzte Schrift des Neuen Testaments ist die Johannesapokalypse oder -offenbarung. Sie ist wohl am Ende des 1. Jahrhundert n. Chr. in Kleinasien entstanden. Die Visionen des »Sehers« Johannes befassen sich mit den Vorzeichen für das Ende der Zeiten und dem Geschehen während dieses Endes, so etwa mit der Entscheidungsschlacht in Harmageddon (Apk 16,16).

Die Anordnung der biblischen Schriften unterscheidet sich in den unterschiedlichen Religionen und Konfessionen – warum und wie, wird im nächsten Abschnitt erläutert.

»Die Bibel ist eine der großen Heiligen Schriften wie die Veden oder der Koran«

Wessen »Heilige Schrift« ist die Bibel – und in welcher Form?

Die Bibel ist nur eines von vielen religiösen Büchern, die hoch geachtet sind. Zwar wird in Mitteleuropa am ehesten die Bibel als »Heilige Schrift« gelten. Jedoch gewinnen hier auch andere Religionen außer Judentum und Christentum an Bedeutung. Manche von ihnen kennen auch »Heilige Schriften«: der Islam den Koran, der Hinduismus die Veden – um nur zwei Beispiele zu nennen. Wird der Begriff der »heiligen Schriften« weit gefasst, dann sind dies solche Schriften, die in den Augen der Gläubigen hohe Autorität besitzen. Aus ihnen werden Normen für das Leben abgeleitet. Unterschiede gibt es dabei sowohl zwischen den Begründungen für die »Heiligkeit« der Schriften als auch bei den Inhalten und der Art, wie mit diesen Schriften umgegangen werden soll.

Heilige Schriften: Normen für das Leben

In einer engeren Definition wird der Begriff »Heilige Schrift« gegen zwei andere Weisen des Schriftverständnisses abgegrenzt. Nun gilt ein Text als »heiliger Text«, wenn er nicht unbedingt gedeutet, sondern in der Hauptsache gelesen, rezitiert und zelebriert wird. Das kann im privaten Lesen geschehen, in der Liturgie oder im Kult. Ein »klassischer Text« stiftet demgegenüber einer bestimmten Epoche oder Gruppe eine kul-

heilig – klassisch – kanonisch

turelle Identität. Er besitzt ästhetische oder ethische Vorbildfunktion und wird zur Vorlage künstlerischer oder denkerischer Umsetzungen. Zum dritten gibt es »kanonische Texte«. Ein Textkanon ist in seinem Umfang für alle Zeiten festgelegt und darf nicht mehr verändert werden. Kanonische Texte bedürfen der Auslegung und Deutung. Dies geschieht meist durch feste Gruppen oder Religionsgemeinschaften.

In unserem Kulturkreis kann der Gebrauch der Bibel mit allen drei Begriffen beschrieben werden. Die Funktion als »klassischer Text« erfüllt sie als Bildungsgut, als Inspirationsquelle für künstlerisches Schaffen oder als Bezugspunkt politischer Debatten – Letzteres gilt für Micha 4,3 in der Friedensbewegung der 1980er-Jahre. Die Auslegungsweisen sind hierbei nicht begrenzt.

> **»Sie werden ihre Schwerter zu Pflugscharen umschmieden und ihre Spieße zu Winzermessern.«**
> **Micha 4,3**

Als »heiliger Text« wird die Bibel etwa in der Liturgie der orthodoxen Tradition und auch in der lateinischen Messe der römisch-katholischen Kirche verwendet. Die Texte stehen ohne Auslegung für sich selbst. Sie werden rezitiert oder gesungen – teilweise sogar in einer Sprache, die viele Gläubige nicht verstehen. Als »kanonischer Text« schließlich bildet die Bibel in ihrem festgelegten Umfang das maßgebliche religiöse Dokument für die Gläubigen. Wie die Bibel dabei ausgelegt und gedeutet wird, wird von den jeweiligen Religionsgemeinschaften bestimmt (vgl. 4). Dabei kann die ausle-

gende Literatur manchmal eine ähnlich hohe
Autorität erlangen wie der kanonische Text selbst.
Beispiele dafür sind der jüdische Talmud oder die
frühchristlichen Bekenntnisse.

Kanonische
Schriften: Was
zum Kanon
gehört, ist
maßgeblich
Wenn vom »kanonischen Text« gesprochen wird,
wird vorausgesetzt, dass es einen »Kanon« gibt.
Das griechische Wort *kanon* ist dem hebräischen
Wort für den Mess- oder Maßstab nachgebildet.
Was zum Kanon gehört, ist maßgeblich. Welche
Schriften zählen also zum biblischen Kanon?

Auf diese Frage werden je nach Religion und
Konfession unterschiedliche Antworten gegeben.
Denn der Bibelkanon ist das Ergebnis längerer historischer Entwicklungen. Genau genommen lau-
fen bei der Kanonbildung zwei parallele Prozesse
ab: Gleichzeitig und miteinander verzahnt entsteht
sowohl eine religiöse Gemeinschaft als auch deren
Corpus religiöser Schriften. Dies gilt für das Judentum und seine »Bibel« wie auch für das Christentum und seine unterschiedlichen Bibelkanones.

Die religiösen Gemeinschaften ringen in den ersten Jahrhunderten nach der Zeitenwende um ihr
Profil. Die Debatten werden auch anhand des Kanons geführt: Welche Bücher mit welchen Glau-
bensinhalten und welcher ethischen Ausrichtung
sollen maßgeblich sein? Der Prozess der Kanonbildung führt unter anderem dazu, dass eine Reihe
von Büchern nicht in den Kanon aufgenommen
wird. Sieben griechisch verfasste Schriften aus der
hellenistischen Zeit (Tobit, Judit, 1./2. Makkabäer,
Baruch, die Weisheit Salomos, das Sirachbuch so-

wie Fragmente zu weiteren Büchern) werden nicht Bestandteil des jüdischen Kanons. Sie werden »deuterokanonische Schriften« genannt.

Nur unzureichend erfasst der Begriff der Kanonisierung den Prozess, der im frühen Judentum zu einer Begrenzung der »Bibel« führt. Zutreffender ist, dass das rabbinische Judentum um die Zeitenwende die maßgeblichen Schriften sammelt und in eine bestimmte Ordnung bringt. Im Hintergrund steht das Konzept einer dreiteiligen Bibel. Angedeutet wird diese Dreiteilung zuerst im Prolog des Sirachbuchs im 2. Jahrhundert v. Chr. Neben der Tora, den fünf Büchern Mose, gibt es die prophetischen Bücher, zu denen auch Teile der geschichtlichen Überlieferung zählen, und die »Schriften«, die vor allem poetische Literatur umfassen. Den drei Teilen der jüdischen Bibel (Mikra' oder TaNaK, vgl. S. 11) wird nicht das gleiche Gewicht beigemessen. Die herausragende Rolle spielt die Tora. Nur sie gilt als der verbindliche Gotteswille und wird im synagogalen Gottesdienst als Zyklus in 52 Abschnitten gelesen. Aus den prophetischen Büchern werden dagegen nur Auswahlabschnitte gelesen, und die »Schriften« treten ganz zurück.

Judentum: die Tora zeigt den verbindlichen Willen Gottes

Am Ende des ersten nachchristlichen Jahrhunderts nennt der jüdische Gelehrte Flavius Josephus (* 37/38 n. Chr.) mehrere Kriterien für die Kanonizität: die Entstehung vor dem Ende der Prophetie (ca. 450 v. Chr.); die Inspiriertheit der Autoren; der festgelegte Wortlaut und die Begrenzung der Anzahl. Josephus' Kanon umfasst 22 Bücher. Weitere

Bücher bleiben teilweise noch bis ins 4. Jahrhundert n. Chr. umstritten. Sie werden vor allem dem dritten Kanonteil zugerechnet, den »Schriften«. Während manche Rabbinen das Sirachbuch dem Kanon zurechnen, tun andere dies nicht. Kontrovers sind die Ansichten auch über das Jubiläen- und das Henochbuch. Sie werden besonders in solchen jüdischen Gruppen geschätzt, in deren Glauben die Erwartung einer baldigen Endzeit eine große Rolle spielt. Keines der drei genannten Bücher wird schließlich in den Kanon aufgenommen.

Für das Christentum und das Judentum steht der Kanon jeweils erst im 4. Jahrhundert n. Chr. fest

Auch die christlichen Debatten um den Kanonumfang kommen erst im 4. Jahrhundert n. Chr. zu einem vorläufigen Ende. Begonnen haben sie im 2. Jahrhundert. Bis dahin ist die Bibel des Urchristentums das heutige Alte Testament. Allerdings in veränderter Reihenfolge: Die prophetischen Schriften werden von der Mitte des alttestamentlichen Kanons an sein Ende gestellt. So sind sie klarer als Vorverweis auf das Kommen Christi zu verstehen. Zeitweise wird sogar darum gerungen, ob das Alte Testament überhaupt zum christlichen Bibelkanon gehören soll. Der römische Theologe Markion wendet sich im 2. Jahrhundert n. Chr. dagegen, das Alte Testament und auch Teile des Neuen dem Kanon zuzurechnen. Der Grund dafür: Alle Spuren von Gottes Zorn und Gericht sollen aus der Bibel getilgt werden. Markions Ansicht hat sich nicht durchgesetzt; er wird aus der römischen Gemeinde ausgeschlossen.

Aus der Geschichte der christlichen Kanonbildung sind nur wenige Einzelheiten bekannt. Zu

schlecht ist die Quellenlage für die ersten nachchristlichen Jahrhunderte. Anders als im Judentum besteht die christliche Kanonbildung weniger in einem Prozess des Sammelns. Vor allem
geht es um das Ausscheiden von Schriften. Anhand der in Geltung stehenden Schriften wird um
theologische Positionen gerungen. So wird nicht
nur Markions Gruppierung ausgeschlossen. Auch
andere Gruppen mit einem stark dualistischen
Weltbild bleiben außen vor; beispielsweise solche, die die menschliche Erkenntnis als entscheidenden Faktor bei der Erlangung des Heils anse-
hen. Unterschiede zeichnen sich auch bei der
Ansicht über gemeindliche Ämter oder über die
Stellung von Frauen in den Gemeinden ab.

Nach Zeiten der Verfolgung wird das Christentum von der »konstantinischen Wende« an (Kaiser Konstantin der Große: 306–337 n. Chr.) im römischen Reich von den Regierenden gefördert.
Allerdings hat es auch einen Zweck zu erfüllen:
Es soll helfen, das große Reich zu einen. Eine religiöse Bewegung, die in unterschiedliche Gruppierungen mit verschiedenen Schriftcorpora zer-
splittert ist und kein einheitliches Bekenntnis
besitzt, ist dazu nicht gut geeignet. So wächst der
Druck auf das Christentum, sich auf ein einheitliches Schriftencorpus und auf ein klares Bekenntnis zu einigen. Historisch greifbar sind die Fest-
legungen, die auf dem Konzil von Laodizea
(um 360 n. Chr.) getroffen werden, und die Emp-
fehlungen, die der Kirchenvater Athanasius 367
n. Chr. in seinem Brief zum Osterfest abgibt. Der
christliche Bibelkanon umfasst danach das Alte

**Die Konstan-
tinische Wende**

Testament mit den deuterokanonischen Schriften sowie das Neue Testament in dem Umfang, in dem es heute noch verwendet wird. Viele frühchristliche Schriften werden nicht in den Kanon des Neuen Testaments aufgenommen: verschiedene Evangelien (z. B. das Thomas-, das Maria- oder das Petrusevangelium), mehrere Apostelgeschichten, viele weitere Briefe und auch andere Apokalypsen. Ein Teil der nicht kanonisierten Schriften wird aber nicht verworfen, sondern auch weiterhin als »Leseschrift« empfohlen. Hierzu gehören frühchristliche Schriften wie der Hirt des Hermas, der 1. Clemensbrief oder der Barnabasbrief.

Der Wortlaut der Bibel ist im Christentum nicht kanonisiert

Die christliche Kanonisierung klärt nur die Zugehörigkeit eines Buches zur Bibel. Sie legt aber nicht den Text in seinem Wortlaut oder Buchstabenbestand fest. Bis heute ist der Textbestand selbst Gegenstand kirchlicher oder wissenschaftlicher Debatten. Ein Beispiel dafür ist das sogenannte »Comma Johanneum«. Dieser Zusatz zu 1. Johannes 5,7 f. gehört nicht zum ältesten be-

> 1. Johannes 5,7 f. verweist auf die Elemente, die in der Taufe und im Abendmahl sichtbar sind; der *Zusatz* verknüpft sie mit der göttlichen Trinität: »Drei sind es, die Zeugnis ablegen *im Himmel: der Vater, das Wort und der Heilige Geist, und die drei sind eins. Drei sind es, die Zeugnis ablegen auf Erden:* der Geist und das Wasser und das Blut; und die drei sind eins.«

zeugten Textbestand, sondern findet sich nur in drei späten Handschriften. Der Zusatz erwähnt die göttliche Trinität. Mit dem Zusatz wäre dies die einzige trinitarische Formulierung der Bibel. Wohl deshalb wird er lange Zeit besonders in der katholischen Tradition als Bestandteil des biblischen Textes angesehen.

Ein anderes Beispiel ist das Ende des Vaterunsers (Matthäus 6,9–13). In einigen relativ späten griechischen Handschriften steht die Formel: »denn dein ist das Reich und die Kraft und die Herrlichkeit in Ewigkeit«. In heutigen Bibeln wird diese Formel durchgängig nicht als Textbestandteil angesehen. So wird es auch in der katholischen Tradition gehalten. Im evangelischen Gottesdienst dagegen bildet die Formel den Abschluss des Vaterunsers.

Wie endet das Vaterunser?

Mit diesen Beispielen werden bereits die unterschiedlichen Verständnisse des Kanons seit der Reformationszeit berührt. Durch den Humanismus beeinflusst (vgl. S. 90 f.) greifen die Reformatoren auf die biblischen Urtexte zurück. Bis dahin basieren landessprachliche Bibelübersetzungen auf der Vulgata, der lateinischen Bibelübersetzung, die ihrerseits weitgehend auf die antike griechische Septuaginta zurückgeht.

In der Frage der Kanonabgrenzung gehen die Reformatoren unterschiedliche Wege. Während Johannes Calvin die deuterokanonischen Schriften aus dem Kanon ausschließt, werden sie von

Die Reformatoren und der Kanon der Bibel

den anderen Reformatoren als kanonische Schriften minderen Ranges anerkannt. Martin Luther entwirft ein eigenes Kanonverständnis: Er gewichtet die biblischen Schriften nach dem theologischen Wert, den er ihnen beimisst (vgl. S. 77). Als geringerwertig erscheinen ihm die deuterokanonischen Schriften des Alten Testaments und im Neuen Testament der Hebräer-, der Jakobus- und der Judasbrief sowie die Apokalypse. In ihnen werde die Botschaft Christi nicht hinreichend betont. Luther stellt diese Schriften jeweils an das Ende des Kanonteils.

Als Reaktion auf die reformatorischen Ansichten führt die römisch-katholische Kirche eine Klärung des Kanons herbei. 1546 werden auf dem Konzil von Trient die deuterokanonischen Schriften dem hebräischen Alten Testament gleichgestellt. Damit ist die Unklarheit über ihre Zugehörigkeit zum Kanon beseitigt. Etwas später wird auch die Textüberlieferung festgelegt: Die vatikanische Ausgabe der Vulgata von 1590/92 bleibt für die folgenden Jahrhunderte die Vorlage für alle Nachdrucke. 1672 legt sich auch die orthodoxe Kirche darauf fest, dass die deuterokanonischen Schriften zum alttestamentlichen Kanon zählen.

Was den Umfang des Kanons und die Anordnung der biblischen Bücher angeht, so gibt es nun im Groben drei unterschiedliche Ausprägungen: die jüdische, die katholische und die evangelische.

Jüdische Tradition:	Katholische Tradition:	Evangelische Tradition:
Tora,	*Altes Testament:*	*Altes Testament:*
»Weisung«:	*Pentateuch:*	*Geschichtsbücher:*
Genesis	Genesis	1. Mose (Genesis)
Exodus	Exodus	2. Mose (Exodus)
Levitikus	Levitikus	3. Mose (Levitikus)
Numeri	Numeri	4. Mose (Numeri)
Deuteronomium	Deuteronomium	5. Mose (Deutero-
		nomium)
Nebiim,	*Geschichts-*	
»Propheten«:	*bücher:*	
Josua	Josua	Josua
Richter	Richter	Richter
1. Samuel	Rut	Rut
2. Samuel	1. Samuel	1. Samuel
1. Könige	2. Samuel	2. Samuel
2. Könige	1. Könige	1. Könige
Jesaja	2. Könige	2. Könige
Jeremia	1. Chronik	1. Chronik
Ezechiel	2. Chronik	2. Chronik
Hosea	Esra	Esra
Joel	Nehemia	Nehemia
Amos	Tobit	Ester
Obadja	Judit	
Jona	Ester	
Micha	1. Makkabäer	
Nahum	2. Makkabäer	
Habakuk		
Zefanja	*Lehrbücher und*	*Lehrbücher und*
Haggai	*Psalmen:*	*Psalmen:*
Sacharja	Hiob	Hiob
Maleachi	Psalmen	Psalmen

Jüdische Tradition:	Katholische Tradition:	Evangelische Tradition:
Ketubim,	Sprichwörter	Sprichwörter
»Schriften«:	Kohelet	Prediger Salomo
Psalmen		(Kohelet)
Hiob	Hoheslied	Hoheslied
Sprichwörter	Weisheit Salomos	
Rut	Sirach	
Hoheslied		
Kohelet	*Prophetische Bücher:*	*Prophetische Bücher:*
Klagelieder	Jesaja	Jesaja
Ester	Jeremia	Jeremia
Daniel	Klagelieder	Klagelieder
Esra	Baruch	
Nehemia	Ezechiel	Hesekiel (Ezechiel)
1. Chronik	Daniel	Daniel
2. Chronik	Hosea	Hosea
	Joel	Joel
	Amos	Amos
	Obadja	Obadja
	Jona	Jona
	Micha	Micha
	Nahum	Nahum
	Habakuk	Habakuk
	Zefanja	Zefanja
	Haggai	Haggai
	Sacharja	Sacharja
	Maleachi	Maleachi
	Neues Testament:	*Neues Testament:*
	Evangelien:	*Geschichtsbücher:*
	Matthäusevangelium	Matthäusevangelium
	Markusevangelium	Markusevangelium
	Lukasevangelium	Lukasevangelium

Katholische Tradition:	Evangelische Tradition:
Johannesevangelium	Johannesevangelium
Apostelgeschichte	Apostelgeschichte
Paulusbriefe:	*Briefe:*
Römerbrief	Römerbrief
1. Korintherbrief	1. Korintherbrief
2. Korintherbrief	2. Korintherbrief
Galaterbrief	Galaterbrief
Epheserbrief	Epheserbrief
Philipperbrief	Philipperbrief
Kolosserbrief	Kolosserbrief
1. Thessalonicherbrief	1. Thessalonicherbrief
2. Thessalonicherbrief	2. Thessalonicherbrief
Pastoralbriefe:	
1. Timotheusbrief	1. Timotheusbrief
2. Timotheusbrief	2. Timotheusbrief
Titusbrief	Titusbrief
Philemonbrief	Philemonbrief
Hebräerbrief	
Katholische Briefe:	
Jakobusbrief	
1. Petrusbrief	1. Petrusbrief
2. Petrusbrief	2. Petrusbrief
1. Johannesbrief	1. Johannesbrief
2. Johannesbrief	2. Johannesbrief
3. Johannesbrief	3. Johannesbrief
	Hebräerbrief
	Jakobusbrief
Judasbrief	Judasbrief
	Prophetisches Buch:
Johannesoffenbarung	Johannesoffenbarung

Die Benennungen der biblischen Bücher entsprechen nicht immer denen der jeweiligen Tradition, sondern einer vereinfachten Form der »Loccumer Richtlinien«.

Aus der Tabelle geht nicht nur hervor, dass es unterschiedliche Bibelkanones gibt, sondern auch, dass das Alte Testament die »Heilige Schrift« von Judentum und Christentum ist. Zwei Religionen, die sich auf ein Schriftencorpus beziehen – das geht nicht ohne Konflikte und unterschiedliche Schwerpunktsetzungen ab. Dass das Alte Testament ein Dokument des Judentums ist, versteht sich historisch von selbst. Es ist vor allem die christliche Theologie, die hier abweichende Modelle des Verstehens entwickelt (vgl. S. 74 f.). Nicht immer wird dabei das Alte Testament als dem Neuen gleichwertig erachtet. So gibt es Denkmodelle, in denen nur dem Neuen Testament die eigentliche Offenbarungsqualität zugewiesen wird. Das Alte Testament wird als dunkle Folie gezeichnet, vor der das Neue als eigentliches Evangelium umso heller erstrahlt. In ähnlichem Duktus wird dem Alten Testament eine eigenständige Bedeutung abgesprochen und es allein als Vorverweis auf Christus gesehen. Oder es wird die Ansicht vertreten, dass das Alte Testament nur die erste Stufe einer Entwicklung und der göttlichen Offenbarung ist, die notwendig im Neuen Testament weitergeführt werden muss(te).

Längst nicht immer erweist die christliche Theologie dem Judentum als Schwesterreligion mit dem Alten Testament als Dokument eigener Würde den nötigen Respekt. In manchen Denkweisen bricht sich ein unterschwellig vorhandener christlicher Antijudaismus Bahn (vgl. S. 105–111). Auch bleibt oft außer Acht, dass das Alte Testament die Bibel des frühen Christentums ist. Die später zum Neuen Testament zusammengestellten Schriften sind als *Ergänzung*, nicht als Ersetzung des Alten Testaments verfasst. Eine christliche Herabstufung des Alten gegenüber dem Neuen Testament würde diese christlichen Anfänge negieren.

Das Neue Testament ergänzt das Alte

Das sich entwickelnde Christentum hat das Alte Testament auch, aber nicht nur auf Christus hin ausgelegt. Die meisten Texte des Alten Testaments enthalten wenig, was sich auf Christus hin deuten ließe, und sind doch weiter von großem Wert für christliche Gläubige. Sie sind Hilfen für das Leben mit Gott, für ein religiös verantwortetes Leben, für ein Leben in einer Gemeinschaft. Diese Gemeinsamkeiten bestehen trotz aller Unterschiede zwischen jüdischer und christlicher Auslegung des Alten Testaments (siehe Kasten S. 50).

Seit dem Holocaust hat sich die christliche Theologie umorientiert. So erscheint es heute angemessener, das Neue Testament als Teil der christlichen Bibel zu lesen, der sich in einem spannungsvollen Gespräch mit dem Alten befindet. Das Alte Testament behält dabei sein eigenes Gewicht und seine eigene Stimme. Oft lässt sich diese Stimme besser hören, wenn das Gespräch

Im Jahr 2000 wurde vom »National Jewish Scholars Project« in den USA die Thesenreihe »Dabru Emet – Redet Wahrheit!« veröffentlicht. Die zweite von acht Thesen lautet: »Juden und Christen stützen sich auf die Autorität ein und desselben Buches – die Bibel (das die Juden »Tenach« und die Christen das »Alte Testament« nennen).« In der Erklärung dazu heißt es: »In ihm suchen wir nach religiöser Orientierung, spiritueller Bereicherung und Gemeinschaftsbildung und ziehen aus ihm ähnliche Lehren ... Gleichwohl interpretieren Juden und Christen die Bibel an vielen Punkten unterschiedlich. Diese Unterschiede müssen immer respektiert werden.« Im Diskussionsbeitrag des Gemeinsamen Ausschusses Kirche und Judentum u. a. der Evangelischen Kirche in Deutschland von 2005 wird dem weitgehend zugestimmt. Hier heißt es u. a.: »Die gleichen Texte, auf die sich Juden und Christen beziehen, stehen also in jeweils unterschiedlichen Lektüre- und Auslegungszusammenhängen. Daher stellen sich Juden und Christen in jeweils eigener Weise in eine Kontinuität zu der Geschichte Israels und seiner Gotteserfahrung und begründen so ihre Lektüre der Texte ... Wir Christen sehen es ... als notwendig an, die jüdische Auslegung des Alten Testaments kennenzulernen.«

mit jüdischen Geschwistern gesucht wird. In der Bibelwissenschaft ist dies schon länger gängige Praxis; zwischen den Religionsgemeinschaften muss es noch mehr geübt werden. Die vorhandenen Unterschiedlichkeiten oder Widersprüche können als selbstverständlicher Bestandteil des Dialogs und im Sinne gegenseitiger Bereicherung wahrgenommen werden.

Die Bibel und ihre Welt

»Die Bibel ist ein Dokument der Antike«

Die Bibel als Kind ihrer Entstehungszeit

Die biblischen Texte sind geprägt von den geschichtlichen Zeiten und Kulturen, in denen sie entstanden sind. Sie befassen sich mit den Problemen ihrer Zeit und sparen andere aus, die sie

nicht kennen. Noch unbekannt sind etwa die Folgen der unbegrenzten menschlichen Herrschaft über die Natur. Zwar sind Umweltzerstörungen in begrenztem Umfang als Folge von Katastrophen, Dürren oder Kriegszügen bekannt. So holzen feindliche Heere die fruchttragenden Bäume und Pflanzen wie die Dattelpalme, den Olivenbaum und den Weinstock ab.

Assyrer fällen Dattelpalmen während eines Kriegszuges, Palastrelief aus Ninive, Anfang 7. Jh. v. Chr.

Tiefgreifende ökologische Probleme wie die Luftverschmutzung oder der Klimawandel sind aber noch unbekannt.

In hohem Maße schlagen sich dagegen geschichtliche Umwälzungen in der Bibel nieder. Das Alte Testament ist geprägt von der Bedrohung des kleinen Volkes Israel durch die benachbarten Großmächte, allen voran Assyrien, Babylonien und Ägypten. Historisch belegbar sind die assyrischen Kriegszüge im 8. und 7. Jahrhundert v. Chr. gegen und durch das Nordreich Israel und das Südreich Juda mit der Hauptstadt Jerusalem. Einschneidend sind das Ende des Nordreichs 722 v. Chr. durch die Assyrer sowie die Eroberung Jerusalems durch die Babylonier 587 v. Chr. und die anschließenden Deportationen der Oberschicht ins assyrische bzw. babylonische Exil. Die babylonische Herrschaft wird durch die Perser 539 v. Chr. gebrochen. Danach erhalten die Deportierten die Möglichkeit, in die Heimat zurückzukehren, die nun persische Provinz ist. Nicht alle nehmen dieses Angebot an; seit dieser Zeit gibt es Menschen jüdischen Glaubens auch außerhalb von Israel und Juda. Im Alexanderzug (334–323 v. Chr.) erobern die Griechen das persische Großreich. In der Folgezeit zerfällt dies in die Diadochenstaaten. Israel und Juda gehören zum Machtbereich der Seleukiden, einer hellenistisch geprägten Herrscherdynastie. Durch sie gewinnt die hellenistische Kultur großen Einfluss. Zum Konflikt mit den religiösen Kreisen in Jerusalem kommt es, als der seleukidische Herrscher den Jerusalemer Tempel einer hellenisti-

Zur Zeit des Alten Testaments: Bedrohung Israels durch die benachbarten Großmächte

schen Gottheit umgewidmet. Aufstände unter Führung der Makkabäer (167–164 v. Chr.; vgl. S. 24) führen dazu, dass dieser Schritt zurückgenommen werden muss.

Um die Zeitenwende wechselt die Herrschaft über das Gebiet des alten Israel. Judäa steht ab 6 n. Chr. unter direkter römischer Herrschaft. In der jüdischen Bevölkerung gibt es viel Widerstand gegen die Römer, der in Unruhen und Bürgerkriegen kulminiert.

Jesus von Nazareth ist für die Römer wohl nur einer von vielen politisch-religiösen Unruhestiftern. Im jüdischen Krieg (66–73 n. Chr.) zerstören die Römer Jerusalem und seinen Tempel. Viele Juden und Jüdinnen fliehen aus Jerusalem ins judäische Bergland, und die urchristliche Gemeinde tut es ihnen gleich. Schon zuvor haben Christusgläubige, allen voran Paulus, im östlichen Mittelmeerraum missioniert. In dieser Region entstehen die meisten neutestamentlichen Schriften. Hier gibt es keine Aufstände gegen die Römer, was aber nicht bedeutet, dass die Bevölkerung mit der römischen Herrschaft zufrieden ist. Doch im Gebiet Israels ist die Unruhe größer. Nach dem jüdischen Aufstand unter Führung von Bar-Kochba (132–135 n. Chr.) wird die Region von den Römern in »Palästina« umbenannt. Sie trägt damit den Namen der alten Feinde Israels, der Philister (vgl. z. B. Jeremia 47). Jüdische Menschen dürfen bis zum Ende der römischen Herrschaft nicht mehr in Jerusalem und Israel leben.

Neues Testament: Judäa unter römischer Herrschaft

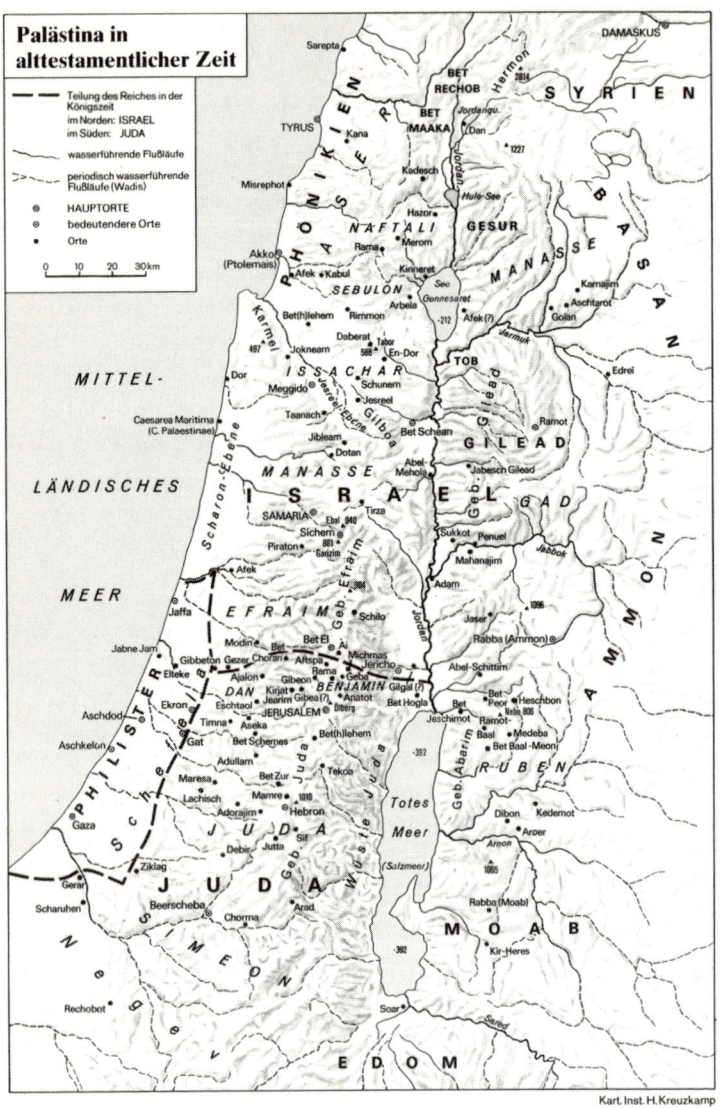

Palästina in alttestamentlicher Zeit

Teilung des Reiches in der
Königszeit
im Norden: ISRAEL
im Süden: JUDA

wasserführende Flußläufe

periodisch wasserführende
Flußläufe (Wadis)

● HAUPTORTE

◉ bedeutendere Orte

• Orte

0   10   20   30 km

DAMASKUS

SYRIEN

Sarepta

BET
RECHOB

TYRUS   Kana   BET
MAAKA   Jordanqu.
Hermon   2814

Dan

1227

Misrephot   Kadesch

B
A
S
A
N

NAFTALI   GESUR

Hule-See

Akko   Hazor
(Ptolemais)   Merom

-212

MANASSE

Afek Kabul   Kinneret

SEBULON   See
Gennesaret

Karamim

Afek (?)   Aschtarot

Rama   Arbela

Golan

Bethlehem   Rimmon   Jarmuk

Edrei

Daberat
Tabor   569
Joknéam   497   En-Dor

TOB

ISSACHAR   Schunem

Meggido   Jesreel

Gilead

Ramot

Dor   Taanach   Gilboa   Bet Schean

Caesarea Maritima   Jibleam

GILEAD

(C. Palaestinae)

MITTEL-

Dotan   Abel-
Mehola

Jabesch Gilead

MANASSE

LÄNDISCHES   ISRAEL   GAD

SAMARIA   Ebal 940   Tirza

Sichem 881 ●

MEER   Piraton   Garizim

Sukkot   Penuel

Afek

3086   Mahanajim

EFRAIM   Jabbok

Jaffa   Schilo

Adam

Jabne Jam   1096

Modin   Bet El   Jaser   Rabba (Ammon)

Gibbeton Gezer Chotan   Atspa

Elteke   Geba   Abel-Schittim

Ajalon   Gibeon   Mizpan
Rama   Jericho

Eschtaol Kirjat Gibea (?)   Gilgal (?)

DAN   Jearim   Bet
Peor   Heschbon

Aschdod   Ekron   Anatot   Nebo 808

Eschtaol   BENJAMIN   Ramot

Timna   Aseka   Bet Hogla   Jeschimot Baal

Aschkelon   Gat   Beeroth   Bet Baal-Meon

Bet Schemes   Bethlehem   Medeba

Adullam   -392   RUBEN

Maresa   Bet Zur   Tekoa   Dibon Kedemot

Lachisch   Mamre 1010   Aroer

Adorajim   Hebron   Totes   Arnon

Gaza   Meer

Debir Jutta Sif   1065

JUDA   (Salzmeer)

Ziklag

Gerar   Rabba (Moab)

Scharuhen   Beerscheba   MOAB

Chorma   Arad   Kir-Heres

SIMEON   -392

N
e
g
e
b

Rechobot   Soar

Sared

EDOM

MITTEL-   LÄNDISCHES   MEER

PHÖNIKIEN

Scharon-Ebene

Karmel

Jesreel-Ebene

Geb. Efraim

Geb. Juda   Wüste Juda

En Gedi

Geb. Abarim

AMMON

Kart. Inst. H. Kreuzkamp

54   DIE BIBEL UND IHRE WELT

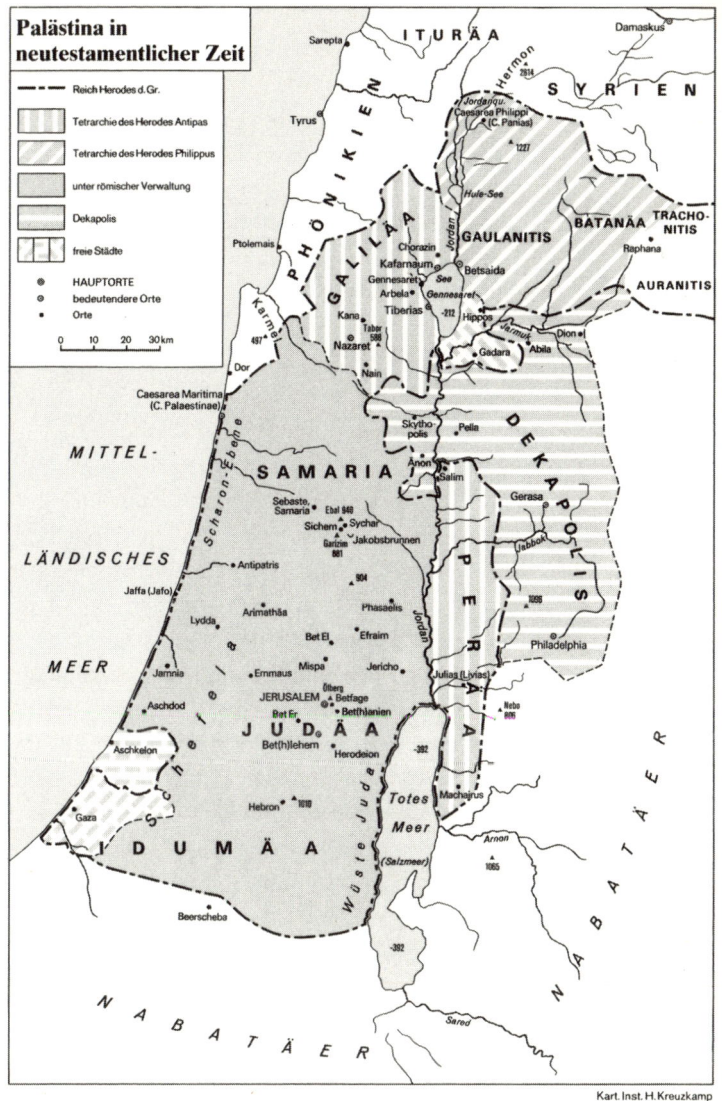

Palästina in
neutestamentlicher Zeit

— ·— ·— Reich Herodes d. Gr.

Tetrarchie des Herodes Antipas

Tetrarchie des Herodes Philippus

unter römischer Verwaltung

Dekapolis

freie Städte

⊚ HAUPTORTE

⊙ bedeutendere Orte

• Orte

0   10   20   30 km

Damaskus

ITURÄA

SYRIEN

Sarepta

Tyrus

Hermon
2814

Jordanqu.
Caesarea Philippi
(C. Panias)
1227

Hule-See

BATANÄA

TRACHO-
NITIS

Raphana

PHÖNIKIEN

Ptolemais

Chorazin

Kafarnaum
Gennesaret
Arbela
Kana
Tiberias

GALILÄA

Jordan

GAULANITIS

See
Gennesaret

Betsaida

AURANITIS

Karmel
487

Tabor
588
Nazaret

-212

Hippos

Dion

Jarmuk
Gadara Abila

Dor

Nain

MITTEL-

LÄNDISCHES

MEER

Caesarea Maritima
(C. Palaestinae)

Scheb-
Ebene

SAMARIA

Sebaste,
Samaria
Sichem
Garizim
881

Ebal 940
Sychar
Jakobsbrunnen

Antipatris

904

Jaffa (Jafo)

Lydda

Arimathäa

Phasaelis

Bet El

Efraim

DEKAPOLIS

Pella

Skytho-
polis

Änon
Salim

Gerasa

Jabbok

1096

Philadelphia

PERÄA

Jamnia

Emmaus

Mispa

Jericho

Julias (Livias)

Jordan

Aschdod

Bet(h)lehem

JERUSALEM Ölberg
Bet Er. Betfage
Bethanien

Herodeion

Nebo
809

Aschkelon

JUDÄA

-392

Gaza

Hebron 1016

Totes
Meer

Machärus

IDUMÄA

(Salzmeer)

Arnon

1065

Wüste Juda

Beerscheba

-392

NABATÄER

Sared

NABATÄER

Kart. Inst. H. Kreuzkamp

Die Bibel trägt den Stempel all dieser geschichtlichen Ereignisse, aber auch die Spuren kultureller Einflüsse. Diese sind für heutige Menschen oft kaum zu bemerken. Denn die Texte sind in kulturell sehr homogenen Gesellschaften entstanden; sie müssen nicht erklären, was für sie selbstverständlich ist. Zu diesen Selbstverständlichkeiten zählen bestimmte kulturelle Strömungen, gesellschaftliche Gepflogenheiten und Bräuche oder religiöse Einflüsse. An manchen Stellen gibt es dabei gravierende Unterschiede zwischen der alt- und der neutestamentlichen Zeit. In anderen Bereichen überwiegt die Kontinuität.

Kollektiv geprägte Gesellschaften im Alten Orient

Das Alte Testament wächst innerhalb eines weiten Rahmens von Kulturen und Gesellschaften. Hierzu zählen Ägypten, Assyrien, Babylonien, der westsemitische Raum (mit der Stadt Ugarit im heutigen Libanon) und das hethitische Reich in Kleinasien. Diese Kulturen sind kollektiv geprägt: Menschen leben als Teil einer Gemeinschaft und nicht vereinzelt wie in der modernen Welt. Damals ist es unverzichtbar, sich in die familiäre oder dörfliche Gemeinschaft einzupassen. Denn in einer Zeit ohne Kranken- oder Rentenversicherung würde jemand ohne Solidaritätsnetz in den Rand- oder Krisensituationen des Lebens nicht überleben können. Wer sehr jung oder alt, krank oder schwach ist, ist auf die Familie angewiesen. Die Gemeinschaft erwartet dafür von den Einzelnen einen hohen Grad von Anpassung. Damit der Besitz der Familie zusammengehalten wird, gelten enge Regeln für die Wahl der Ehepartner(innen). Wer im Geschäftsleben leichtfertig mit dem

Besitz der Gemeinschaft umgeht, kann eine ganze Sippe in Existenznot bringen. So ist es notwendig, dass sich Menschen im Rahmen der überkommenen Traditionen und in klaren und identifizierbaren Rollen bewegen. Dies gilt besonders für die Geschlechterrollen. In den biblischen patriarchalen Gesellschaften sind die Rollen von Männern und Frauen unterschiedlich gestaltet. Männern sind eher die öffentlichen Tätigkeiten vorbehalten. Frauen sind stärker im Bereich der Familie tätig, was aber außerhäusliche Arbeiten einschließt. Für beide Geschlechter gelten unterschiedliche Verhaltensregeln.

Nicht alle Menschen haben die gleichen Rechte, denn es gibt unterschiedliche Rechtsstatus: Versklavte Menschen sind der Besitz derer, die sie besitzen. Das Besitzverhältnis erstreckt sich auch auf den Bereich der Sexualität. Die Herren und Herrinnen müssen allerdings für Nahrung und Kleidung der Versklavten sorgen. Verschuldete Menschen müssen ihre Arbeitskraft oder die ihrer Kinder in Schuldsklaverei verkaufen. In der vormodernen Welt gibt es kein Recht auf Selbstbestimmung oder körperliche Unversehrtheit wie heute. Ebensowenig existieren allgemeine Menschenrechte, sondern nur konkrete, an die soziale Stellung und Rolle einer Person gekoppelte Rechte. Mächtige Menschen besitzen mehr Rechte als weniger mächtige, Männer mehr als Frauen. Zudem ist es oft schwierig, ein zustehendes Recht auch zu erlangen. Die Rechtsprechung funktioniert meist so, dass Menschen mit gesellschaftlichem Einfluss in einer Ortschaft Recht

Keine allgemeinen Menschenrechte: Die Rechte eines Menschen sind an seine soziale Stellung gekoppelt

sprechen und Rat in Konfliktfällen erteilen (Deborah in Richter 4,4 f.; die Ältesten in Rut 4,1–12). An solche Personen muss sich ein Recht suchender Mensch wenden. Wird eine einflussreiche Person angeklagt, so sinken die Chancen, dass der Kläger bzw. die Klägerin Recht bekommt. Auch deshalb wird in den biblischen Psalmen häufig Gott angerufen, um Recht zu schaffen. Gott gilt als Herr über das Recht und über Leben und Tod und damit als letzte Rechtsinstanz.

Fremdherrschaft übt Druck aus

Auch außerhalb der Rechtsprechung gibt es kaum staatliche Institutionen, die den heutigen vergleichbar sind. Das Staatswesen ist zunächst ein selbständiges Königtum (10.–8./7. Jh. v. Chr.), bis dann Fremdherrscher aus der Ferne die Regierung übernehmen. Diese sind vor allem daran interessiert, dass das besetzte Land seine Tributzahlungen entrichtet. Damit das möglich ist, muss in der Landwirtschaft ein Überschuss erwirtschaftet werden, der gegen Geld verkauft werden kann. So lastet zeitweise ein enormer Druck auf der ländlichen Bevölkerung. Auf dem Land lebt die Mehrheit des Volkes. Städte gibt es nur wenige. In der judäischen Hauptstadt Jerusalem sind der königliche Hof, der Tempel und die angeschlossenen Schreiberschulen angesiedelt. Dies sind die Orte, an denen viele biblische Texte erdacht und aufgeschrieben werden. Allerdings führt nur ein relativ geringer Teil der Bevölkerung ein städtisches Leben.

Die Religion Israels ist – wie in allen altorientalischen Kulturen – integraler Bestandteil der Kultur.

Beides lässt sich nicht voneinander lösen, sondern ist aufs Engste miteinander verwoben. Religionsfreiheit im heutigen Sinn gibt es nicht. Die Religion trägt deutliche Züge dessen, was wir heute als Ethik bezeichnen, und sie wird öffentlich zelebriert. Militärische Siege etwa sind ohne religiöse Feiern nicht denkbar. Religion ist deshalb alles andere als Privatsache. Sie wird in den verschiedenen Lebenskreisen in unterschiedlichen Ausprägungen praktiziert. Neben einem offiziellen Staatskult, der auch im Jerusalemer Tempel ausgeübt wird, gibt es regionale Heiligtümer. Sie sind nicht nur dem israelitischen und alttestamentlichen Gott JHWH geweiht, sondern auch anderen Gottheiten; die Konflikte zwischen Gottheiten wie dem Wettergott Baal oder der kriegerischen Astarte und JHWH haben sich in einigen Teilen des Alten Testaments niedergeschlagen. In den Familien werden oft weitere Gottheiten verehrt. Jeder Mensch kann sich in den Nöten des Alltags an eine persönliche Gottheit wenden, die gleichfalls nicht unbedingt JHWH sein muss.

In dieser Sichtweise der neueren bibel- bzw. religionswissenschaftlichen Forschung erscheint die Religion des alten Israel nicht als eine, in der nur an einen Gott geglaubt werden kann (Monotheismus). Die religiöse Situation des alten Israel lässt sich ähnlich wie die der Umweltkulturen als Mehrgottglaube (Polytheismus) beschreiben.

Polytheistische Religionen verehren nicht einfach eine Vielzahl von Gottheiten, sondern eine Pluralität von komplexer Gestaltung und Struk-

Religion und Kultur sind nicht voneinander zu trennen

JHWH: Der Name Gottes im Alten Testament

Kein Monotheismus im alten Israel?

tur. Unterschiedliche Gottheiten sind für unterschiedliche Lebensbereiche zuständig. Die Beziehungen zwischen den Göttinnen und Göttern werden in Mythen als Verwandtschaftsbeziehungen geschildert. Statuen von Gottheiten befreundeter Städte besuchen einander auf Götterreisen, Feindschaften spiegeln sich in Götterkämpfen. Viele der Aspekte einzelner Gottheiten werden in Israel im Lauf der Jahrhunderte auf JHWH übertragen. Das geschieht nicht konfliktfrei, und die Spuren sind bis heute als Spannungen im Gottesbild sichtbar: JHWH werden im Alten Testament ebenso Elemente von kämpferischen Wetter- oder Kriegsgottheiten zugeordnet wie Züge von Schöpfergottheiten oder dem königlichen Gott, der die Seinen zu schützen und zu versorgen hat.

Von der Spätzeit des Alten Testaments an nimmt eine andere Kultur großen Einfluss auf Israel: der auf der griechischen Kultur fußende Hellenismus.

Der Einfluss des Hellenismus: ab 334 v. Chr.

Beginnend mit dem Alexanderzug (334–323 v. Chr.) erobert das Griechentum die Welt des ehemaligen Perserreiches und den Mittelmeerraum und geht Synthesen mit den altorientalischen Kulturen ein. Mit der griechischen Sprache erfährt auch die städtische Kultur großen Aufschwung. Weitab von Griechenland werden Städte nach griechischem Typus mit Theatern und Gymnasien gegründet. Die größten von ihnen – Alexandria in Ägypten und Antiochia in Syrien – sind Zentren von Kultur und Bildung. Auch Judentum und Christentum gedeihen dort (vgl. Apostelgeschichte 11,19–26). Die hellenistische Sicht auf die Welt ist durch die Vernunft geprägt. Erste naturwissenschaftliche Entdeckungen (der Satz des Pythagoras!) ermöglichen technische Fortschritte und sind auf die Effektivierung des Handelns ausgerichtet. Auf Bildung wird viel Wert gelegt. Die Menschen werden dadurch etwas unabhängiger von der Gemeinschaft. Die Religion erhält teilweise mehr persönliche, innerliche Züge.

Für die Mehrheit der Bevölkerung prägt jedoch auch in neutestamentlicher, römischer Zeit nicht das städtische, vornehme Leben die Wirklichkeit, sondern das agrarische abseits der Zentren von Bildung und Kultur. Die römischen Kaiser herrschen mit erstaunlicher Machtfülle in Rom und setzen Statthalter in den Provinzen des großen Reiches ein. Für Israel bedeutet das weiterhin Fremdherrschaft mit hohen Tributzahlungen, die durch Steuern eingetrieben werden. Die Bevölkerung teilt sich wiederum in eine sehr kleine Oberschicht und eine sehr große Unterschicht. Eine Mittelschicht, wie sie den Hauptteil heutiger Gesellschaften ausmacht, existiert fast nicht. Wenige hochgestellte Familien in Jerusalem sowie ländliche Großgrundbesitzer werden von der römischen Oberschicht zu ihresgleichen gerechnet. Doch das Volk besitzt keinen Zugang zur Macht und ist nicht an politischen Entscheidungen beteiligt. Wer vermögend ist, hat zumindest grundlegende Bürgerrechte. Der Rechtsstatus von Frauen und Kindern, von versklavten oder freigelassenen Menschen ist dagegen teilweise

Eine Gesellschaft fast ohne Mittel- und Oberschicht

erheblich gemindert. Frauen aus einflussreichen und besitzenden Familien können aber durchaus über Männern aus ärmeren Familien stehen.

Die Religion dieser Zeit lässt sich kaum von philosophischen Strömungen abgrenzen. Umgekehrt ist auch der Hellenismus nicht nur als Kultur anzusehen, sondern trägt auch Züge einer Religion. In den gebildeteren hellenistischen Kreisen ist die tiefe Verwurzelung in einer Religion einem Mangel an Gewissheiten gewichen. Skepsis gegenüber den überkommenen religiösen Sinnstiftungen breitet sich aus.

Die jüdischen Glaubensrichtungen um die Zeitenwende: Sadduzäer, Essener, Zeloten, Pharisäer

Im Gebiet Israels leben zu neutestamentlicher Zeit vor allem jüdische Menschen. Das frühe Judentum hat sich aus dem alten Israel in der Konfrontation mit dem Hellenismus seit der Makkabäerzeit (2. Jh. v. Chr.) in unterschiedliche Richtungen entwickelt. Eine politisch einflussreiche, theologisch konservative Gruppe sind die Sadduzäer. Radikaler als sie sind die Essener, die in Qumran (vgl. S. 13 f.) in einer eigenen Gemeinschaft leben. Rituale und priesterliche Reinheit sind ihnen sehr wichtig. Wanderprediger wie Johannes der Täufer verkünden daneben endzeitlich ausgerichtete Glaubensformen. Militant antirömisch sind die Zeloten, deren Kampf für die Alleinherrschaft Gottes den jüdischen Krieg (66–73 n. Chr.) mit verursacht. Die drei genannten Gruppen existieren nach dem jüdischen Krieg kaum noch. Ihn überdauern aber die Pharisäer, eine Laienbewegung, die die Gebote der Tora auch im Alltag verwirklichen will. Obwohl die

Pharisäer im Neuen Testament oft als Gegner Jesu stilisiert werden, sind die frühchristlichen Ideen den ihren in manchem eng verwandt. Pharisäer(innen) setzen sich teilweise gegen die Römer für die frühen Christen und Christinnen ein (vgl. Apostelgeschichte 5,34–40). Die pharisäische Gruppierung und ihr Gedankengut prägen das Judentum seit dem ersten nachchristlichen Jahrhundert stark. Nun wird fortgeführt, was sich bereits seit dem babylonischen Exil an charakteristischen Eigenschaften Israels herausgeschält hat: der Glaube an den einen Gott und seine guten Weisungen, das Halten des Sabbats, die Beschneidung der männlichen Gläubigen. Der Tempelgottesdienst mit Opferhandlungen in Jerusalem wird nach der Tempelzerstörung 70 n. Chr. von den Römern durch den synagogalen Gottesdienst ersetzt. Dieser kann auch in anderen Räumen als im Tempel gehalten werden. Er ist stärker durch Lesung und Auslegung biblischer Texte geprägt, allen voran der ersten fünf biblischen Bücher (Tora). Eine wichtige Rolle spielt die Unterweisung in der Tora von Kindheit an. Neben dieser Richtung des Judentums, die sich im Umkreis der Synagogen entwickelt, existieren noch weitere Strömungen.

In Konflikt mit den Römern geraten das Judentum wie das sich entwickelnde Christentum durch die Verweigerung des Kaiserkults. Dieser ist mehr als nur die Verehrung des aktuellen Kaisers als Verkörperung der göttlichen Ordnungs- und Erhaltungsmacht. Der Kaiserkult stützt und begründet die Staatsgewalt. Wer ihn praktiziert,

Verweigerung des Kaiserkults: Judentum und Christentum im Konflikt mit den Römern

zeigt sich mit dem Staat und seiner ordnenden Funktion einverstanden. Wer neben dem Kaiserkult andere Religionen ausübt, hat keine negativen Folgen zu befürchten. Wer jedoch den Kaiserkult wie jüdische und christliche Gläubige verweigert, demonstriert Illoyalität mit Kaiser und Staat und zieht sich leicht den Zorn der Bevölkerung zu. Gegen Judentum und Christentum werden Vorwürfe des Menschenhasses, der Gottlosigkeit, des Aberglaubens und der Unruhestiftung erhoben, und zu manchen Zeiten führen die Vorwürfe zu Verfolgungen.

Das Christentum in Kleinasien: Begegnung mit weiteren Religionen

Das Christentum entsteht nicht nur im Vorderen Orient, sondern auch in Kleinasien und Griechenland. Hier trifft es nicht nur auf das Judentum und den Kaiserkult, sondern auch auf andere Religionen. Die hellenistische Kultur verschmilzt griechische sowie altorientalische Gottheiten und deren Kulte miteinander. Zu den Tempeln gehören Kultvereine und feste Gemeinschaften, die Außenstehenden nicht zugänglich sind. Man kann mehreren dieser Vereine angehören. Charakteristisch für diese Kulte ist unter anderem, dass die Gläubigen in ihnen sozialen Halt und ethische Orientierung bekommen, eine enge Bindung an die jeweilige Gottheit eingehen, die mit einer Heilsverheißung und dem Versprechen einer Erlösung vom Tod verknüpft ist. Eine dieser religiösen Strömungen ist die Gnosis. Diese Denkrichtung versucht die Frage zu beantworten, wie die Welt den schlechten vorfindlichen Zustand erreichen konnte, nachdem sie von Gott doch gut geschaffen war. Zur Erklärung werden

Mythen entworfen, in denen der Fall der Welt auf Götterkämpfe zurückgeht. Erlösung ist nur möglich, wenn dieses Geschehen erkannt wird. Dabei können mittelnde Figuren helfen, von denen die einzelnen gnostischen Strömungen unterschiedliche kennen. Hierzu können auch biblische Figuren wie die Weisheitsgestalt (Sprüche 1–9) oder Jesus Christus zählen.

In diesem vielfältigen und teilweise unübersichtlichen religiösen Umfeld prägt sich das frühe Christentum aus. Es nimmt dabei die in seiner Zeit vorhandenen Hoffnungen und Erwartungen der Menschen auf. Gerade diejenigen neutestamentlichen Schriften, die außerhalb von Palästina und relativ spät entstanden sind, weisen Spuren zahlreicher dieser religiösen Strömungen auf.

»Die Bibel hat doch Recht«

Die Bibel schildert vieles, was nach modernem Verständnis unmöglich ist

»Und die Bibel hat doch Recht – Forscher beweisen die historische Wahrheit«. So lautet der Titel eines Buches, das seit 1955 in einer Gesamtauflage von weltweit 22 Millionen Exemplaren erschienen ist und vom Verlag als »das erfolgreichste Sachbuch zur Bibel« gepriesen wird. Der Autor Werner Keller, weder Bibelwissenschaftler noch Archäologe, verknüpft ausgewählte biblische Passagen mit archäologischen Funden und altorientalischen Texten. Er nimmt jeweils nur die Deutung auf, die am besten zur biblischen Schilderung passt. Keller behandelt unter anderem die biblische Sintfluterzählung (Genesis 6–8), den Aufenthalt Josephs in Ägypten (Genesis 37; 39–50) oder die Eroberung Jerichos (Josua 6). Sein Ergebnis lautet: Was in der Bibel geschildert wird, ist auch in einer rationalen Weltsicht nicht nur möglich oder plausibel, sondern mit hoher Wahrscheinlichkeit auch genau so geschehen. Damit sei der Gehalt biblischer Texte als historisch zutreffend erwiesen.

Aus wissenschaftlicher Sicht ist dieses Ergebnis allerdings nicht zu bestätigen. Denn zum einen lotet Keller die mögliche Bandbreite der Deutungen von Funden und Texten nicht aus, wie es wissenschaftlicher Arbeitsweise angemessen wäre. Zum anderen sieht er die Unterschiede zwischen der biblischen und der heutigen Weltsicht nicht. Die Forschung hat mittlerweile erkannt, dass die Bibel und die in ihr niedergelegten Geschehnisse auf dem Hintergrund des altorientalischen bzw. antiken Welt- und Wahrheitsverständnisses interpretiert werden müssen. Das weicht zwar nicht in allen, aber doch in vielen Punkten gravierend von der modernen, nachaufklärerischen Weltsicht ab. Nur wenn diese Unterschiede berücksichtigt werden und die Lesenden versuchen, die biblischen Texte auf deren eigenem Verstehenshorizont zu lesen, können sie sich der ursprünglichen Aussage der Texte annähern. Die Bibel mit ihrem eigenen Welt- und Wahrheitsverständnis in einen neuzeitlichen Verstehensrahmen zu pressen, wäre ihr nicht angemessen und würde zu einem teilweise falschen Verständnis ihrer Botschaft führen.

Unterschiede zwischen der biblischen und der heutigen Weltsicht: göttliches Walten und Naturgesetze

Was zeichnet die altorientalische bzw. antike Weltsicht aus? Die Menschen beschreiben die Welt um sie herum in biblischer Zeit in einer Weise, die eng an den alltäglichen Erfahrungen orientiert ist. Kein Wissen um physikalische Gesetze distanziert sie von ihrer unmittelbaren Anschauung. Die Welt ist noch nicht messbar, und sie gehorcht keinen festen, quasi-autonomen Naturgesetzen. Alles wird als göttliche Schöpfung angesehen. Die Veränderungen der Natur werden durch Gott(heiten) geschaffen und gesteuert – nicht nur am Anfang der Welt, sondern an jedem neuen Tag und im Wechsel der Jahreszeiten. Im alten Ägypten sind solche Vorstellungen sehr bildhaft umgesetzt: Ohne göttliches Zutun würde es der Sonne nach ihrer Nachtfahrt nicht gelingen, sich über den Horizont zu erheben und zum Mittag hoch am Himmel zu stehen. Göttliches Handeln ist es auch, das die Sonne nicht im Zenit stehenlässt – dann würde das Land zur Wüste werden. Textfunde aus der Nachbarschaft Israels belegen die Ansicht, dass der Jahreslauf göttlich gesteuert wird: Das Verdorren der Vegetation im Sommer wird damit in Zusammenhang gebracht, dass die Vegetationsgottheit in die Unterwelt reist. In dieser Zeit ruht ihre Tätigkeit auf der Erde. Kommt die Gottheit im Herbst wieder zur Erde herauf, kann auch das Grün neu sprossen.

Alles geht auf göttliches Wirken zurück Wie die Welt von Gott(heiten) geschaffen und alles in ihr als göttlich gelenkt gedacht wird, so ist es in der Bibel auch allein Gott, der den Lauf der Welt verändern kann. Auf göttliches Geheiß stehen die Gestirne still (Josua 10,12 f) oder verdunkelt sich die Sonne (Lukas 23,45). Andere als göttliche oder andere numinose Kräfte (von Dämonen, Geistern und Engeln) sind in der Welt nicht am Werke: Es gibt keine Sphäre außerhalb göttlicher Wirksamkeit. Umso wichtiger ist es, den Willen der Gottheiten rechtzeitig anhand von Zeichen erkennen und deuten zu können und sich entsprechend zu verhalten. Vor Kriegszügen konsultieren die Könige deshalb ihre Wahrsager(innen) oder Orakelpriester(innen). In der griechisch geprägten Antike können Gottheiten in menschlicher oder tierischer Gestalt auftreten. Das erklärt manche biblische Wundererzählung und die Reaktionen der Umstehenden auf Wundertaten. Geschehen »übernatürliche« Dinge, so ist es möglich, dass es sich beim Wundertäter um eine Gottheit handelt. Oder die

Wunder vollbringende Person verfügt über besonders engen Kontakt zur göttlichen Sphäre. Wunder werden nicht – wie bei uns – als Durchbrechungen von Naturgesetzen angesehen. Sie sind nicht eigentlich unmöglich. Sie sind der Erweis, dass eine Person über besondere Fähigkeiten und Gaben verfügt. Wundererzählungen sind kein biblisches Spezifikum, sondern sind in der gesamten antiken Welt verbreitet.

Die Götterwelt ist in allen Kulturen, in deren Umfeld die Bibel entstanden ist, polytheistisch (vgl. S. 59 f.). Eine Vielzahl von Gottheiten bestimmt das Leben, wobei die Zuständigkeiten sich unterscheiden. Die Beziehungen der Gottheiten zueinander sind wie die sozialen Beziehungen zwischen Menschen strukturiert. Auch sind sie nicht statisch, sondern entwickeln sich. Dadurch werden Veränderungen im Weltlauf erklärbar.

Dieses Weltbild ist in gewisser Weise umfassender als unser heutiges. Verwoben mit der sichtbaren Dimension, auf die wir die Welt zu reduzieren gewohnt sind, ist eine symbolische Bedeutung allen Geschehens. In Mythen und anderen religiösen Texten wird der Hintergrund der symbolischen Bedeutungen erzählt. Der Begriff »mythisch« wird auch dazu verwendet, das vor allem zu alttestamentlicher Zeit maßgebliche Weltbild zu bezeichnen. Mythische Wesen wie Urmächte oder auch Gottheiten beeinflussen das Geschehen in der Welt permanent (vgl. oben das Beispiel zum Jahreslauf). Kämpfe zwischen ihnen finden seit Anbeginn der Welt dauernd statt. Biblisch kommt ein solches

Biblisches Weltbild: symbolische Bedeutung allen Geschehens

Weltverständnis etwa in Psalm 74,13 f. zum Ausdruck: Gott hat bei der Urschöpfung die Urwesen Tannin und Livjatan bekämpft und besiegt.

Gottheit im Kampf mit Urmonster

Diese Wesen stehen für die Chaosmächte in der Welt, die die Gottheit nicht nur vor oder bei der Weltschöpfung, sondern jeden Tag aufs Neue bekämpfen muss. Mit den Chaosmächten wird zum Beispiel das Wasser verbunden. In der altorientalischen Vorstellung der Welt ist Wasser nicht nur dort zu finden, wo wir heute Flüsse, Seen und Ozeane sehen. Es ist auch unter der Erde, von wo das Grundwasser kommt. Und es existiert oberhalb des festen Firmaments, weil der Regen vom Himmel fällt (so Genesis 1,6 f.). Wenn die Gottheit(en) die Wassermächte nicht in Schach halten, droht das Wasser oberhalb des Firmaments auf die Erde herabzufluten und diese zu vernichten.

Dauernder Kampf gegen das Chaos

Deshalb muss das göttliche Ordnungs- und Erhaltungshandeln ein dauerndes sein: Immer wieder neu muss Gott das Zerstörerische, das der Ordnung Zuwiderhandelnde in seine Schranken weisen. Permanent ist das göttliche Ordnen und Bewahren der Schöpfung notwendig.

Die chaotischen und bedrohlichen Mächte können sich auch innerhalb der sichtbaren Dimension der Welt ausbreiten. Dies ist vor allem fern
von Städten und menschlichen Siedlungen der
Fall. Während in der Stadt, innerhalb ihrer Mau-
ern, und in der Nähe zum Tempel Sicherheit
herrscht, wächst mit zunehmender Entfernung
von ihnen die Bedrohung. Auch dies hat seine
konkreten Hintergründe: Wilde Tiere wagen sich
selten in die Nähe der Städte und noch weniger
in sie hinein. Räuberische Banden agieren vor-
zugsweise in wenig besiedelten Landstrichen.
Gegen feindliche Heere bieten die Stadtmauern
zumindest einen gewissen Schutz.

Die Verbindung von Gottheiten und Kultur wird
in dieser Sichtweise deutlich. Wo die Gottheiten
sind, herrscht eine stabile Ordnung, sodass die
todbringenden Mächte nicht zum Zuge kommen
können. Ein Maximum an Schutz und Sicherheit   **Maximaler**
besteht deshalb im Tempel (z. B. Psalm 46,6). Er   **Schutz im Tempel**
ist der Ort, an dem sich die göttliche und die
menschliche Sphäre begegnen, an dem »Himmel« und »Erde« verbunden sind. Wenn die Gott-
heit(en) aber durch menschliches Fehlverhalten
zum Zorn gereizt werden und sich aus der
Sphäre der Kultur zurückziehen, dann ist das
städtische Leben der Vernichtung preisgegeben.

Die Kultur spielt in der biblischen Weltsicht auch
deshalb eine so große Rolle, weil die Menschen
nicht im heutigen Maße durch technische oder
gesellschaftliche Errungenschaften gegen den
Rückfall in unzivilisierte Zeiten abgesichert sind.

Dies kann auch den hohen Grad an »Konservatismus« begründen. Wenn Menschen in biblischer Zeit nach einem Idealzustand für ihre Welt und Gesellschaft suchen, so richtet sich ihr Blick nicht wie bei uns nach vorne, auf die Zukunft, in der weitere Fortschritte und Verbesserungen zu erwarten sind. Stattdessen blicken sie zurück, ins uranfängliche Paradies (vgl. Genesis 2,4b-25). Diese Einstellung entspricht einer unmittelbaren Sichtweise: Während über das Vergangene relative Klarheit herrscht, da es sich bereits ereignet hat und überliefert wurde, ist die Zukunft ungeschehen und liegt im Dunkeln.

Im Vergleich mit unserer heutigen naturwissenschaftlich und historisch geprägten Weltsicht erscheint die biblische vielleicht manchen Menschen als »naiver«. Sie ist allerdings, wie die Beispiele verdeutlichen sollten, durchaus vielschichtig und komplex. Innerhalb dieser Weltsicht entwirft die Bibel durchaus anspruchsvolle Vorstellungen und stellt auf ihre Weise den Anspruch, wahr zu sein – aber eben in ihrem damaligen Verstehensrahmen und nicht in unserem heutigen.

Die Bibel und ihre Auslegung

»Die Bibel ist eine Sammlung ewig gültiger Wahrheiten«

Die Bibel kann nicht nur »wörtlich« verstanden werden

Was die Bibel ist und wie mit ihr umzugehen ist, wird unterschiedlich gesehen. Die sich auf die Bibel beziehenden Religionen und Konfessionen finden dabei ihre je eigenen Haltungen und Auslegungsweisen. Auch die Entwicklungen der menschlichen Erkenntnis über die Jahrhunderte beeinflussen die Sicht auf die Bibel.

Im Judentum genießen von den Schriften des TaNaK bzw. der Mikra' (vgl. S. 39) die fünf Bücher Mose, die »Tora« (»Weisung« oder »Unterweisung«), die höchste Wertschätzung. Im synagogalen Gebrauch und in der Auslegung sind die prophetischen und poetischen Bücher der Tora nachgeordnet. Neben den fünf Büchern Mose als »schriftlicher Tora« existiert noch das Konzept der »mündlichen Tora«, die JHWH der Überlieferung nach am Sinai zu Mose gesprochen hat. Damit geht die göttliche Offenbarung weit über den biblischen Text hinaus.

Im Judentum ist die Tora den anderen Schriften vorgeordnet

Der TaNaK macht nur einen relativ kleinen Teil der Schriften aus, die im Judentum in hoher Geltung stehen. Die großen Sammlungen nachbiblischer rabbinischer Schriften – die Mischna, der Jerusalemer und der Babylonische Talmud – besitzen ebenfalls große Autorität.

Judentum: die rechte Auslegung der Schriften zeigt, wie Menschen sich verhalten sollen

Alle diese Schriften zu studieren, sie zu lernen, ihre verschiedenen Beweisführungen bei den Textauslegungen nachzuvollziehen und eigene Wege der Auslegung für die je neuen Zeiten zu finden, genießt im Judentum hohe Wertschätzung. Denn die jüdische Auslegung der Schriften richtet sich vor allem auf das Handeln der Menschen und nicht – wie die christliche Auslegung – auf den rechtmäßigen Glauben und die Bildung philosophischer Lehrgebäude. Wie Menschen sich in den unterschiedlichsten Lebenssituationen verhalten sollen, ist das Ziel des Lesens und Lernens der Schriften im Judentum.

Die frühe christliche Sicht auf die Bibel ist zunächst stark von der jüdischen beeinflusst, aus der sie hervorgeht. Ab dem 2. Jahrhundert n. Chr. trennt sich das frühe Christentum vom Judentum. Es entwickelt eine eigene Auslegung des Alten Testaments, aus dem die christliche Bibel zunächst besteht. Erst nach und nach gewinnen auch die nachchristlich verfassten Schriften an Autorität. Im Mittelpunkt der christlichen Auslegung steht die Deutung des Lebens und Sterbens Jesu. Die Bibel wird nun vor allem zum Zeugnis von Jesus Christus und der Botschaft der Rettung der Menschen. Dadurch kommt es zur Abgren-

Christentum: im Mittelpunkt der Auslegung steht die Deutung des Lebens und Sterbens Jesu

zung vom jüdischen Verständnis des Alten Testaments. Vom frühen Christentum wird – wie auch vom Judentum – das Gespräch mit griechischer Bildung und Philosophie sowie mit antiken nichtchristlichen Religionen gesucht.

Bis heute wird das frühchristliche Bibelverständnis vor allem in den orthodoxen Kirchen bewahrt und gepflegt. Hier gilt die Bibel mehr als in den anderen Konfessionen als »Heiliges Buch« (vgl. S. 36 f.). Dem Buch als Gegenstand wird eine hohe Verehrung entgegengebracht. Die Worte der Bibel werden dabei als menschliche Worte angesehen, die den biblischen Autoren durch göttliche Inspiration eingegeben wurden. Die göttliche Offenbarung geht aber über die Bibel hinaus. Die gesamte göttliche Offenbarung einschließlich der Bibel ist der Kirche zur Auslegung anvertraut. So rücken Bibel und Kirche in orthodoxer Sicht eng zusammen.

Für das Alte Testament gilt, dass sich in ihm derselbe Gott offenbart wie im Neuen Testament. Das Alte Testament wird dabei als Vorverweis auf Christus und als Vorschein auf das Neue Testament verstanden. In dieser *interpretatio christiana* wird Christus gegenüber der Bibel die höhere Autorität eingeräumt. Der Heilige Geist ist die Weise, in der Christus bis heute unter den Menschen weiterwirkt; er leitet die Kirche bei der Auslegung. Denn sie ist es, und nicht die einzelnen Gläubigen, der die Auslegung der Bibel anvertraut ist. Bei der orthodoxen Auslegung wird bis heute meist zurückgegriffen auf die Gedanken der Kirchenväter, so beispielsweise auf

Orthodoxe Kirchen: die Kirche legt die „Heilige Schrift" aus

Origenes († 254), Eusebius von Cäsarea († um 339), Basilius den Großen († 379), Gregor von Nyssa († 394) oder Johannes Chrysostomus († 407). Später haben es vor allem kritische Methoden schwer, neben dem starken Rückbezug auf die ersten nachchristlichen Jahrhunderte akzeptiert zu werden. In unserer Zeit herrscht hierfür allmählich mehr Offenheit – besonders, was die historische Einordnung der biblischen Bücher angeht.

Trennung der orthodoxen – östlichen – und römisch-katholischen – westlichen – Theologie im Mittelalter

Seit dem Mittelalter trennen sich die Wege zwischen der orthodoxen (östlichen) und der römisch-katholischen (westlichen) Theologie. Im westlichen Europa gewinnen die Universitäten mit ihrer stringenten Logik und ihrer zunehmend rational geprägten Weltsicht an Einfluss. Das verändert auch die Sicht auf die Bibel: Sie wird zunehmend weniger als unmittelbare Offenbarungsquelle verstanden. Stattdessen erscheint sie mehr als die Basis, auf der gelehrte Theologie ihre ausgefeilten dogmatischen Systeme baut. Ableitungen aus der Bibel gewinnen größeren Einfluss als biblische Worte selbst, die oft den logischen Prinzipien der Gelehrten nicht genügen können. So löst sich die Theologie immer stärker von ihrer biblischen Grundlage.

Gegen diesen Trend stärkt die Reformation die Geltung der Bibel, auch in kritischer Absicht gegen die damals herrschende Praxis der römisch-katholischen Kirche. Martin Luther (1483–1546) ist es, der das protestantische Schriftprinzip entwirft. Unter dem Motto *sola scriptura* (»die Schrift alleine«) soll alles, was in der Kirche maßgeblich ist, auf die Bibel zurückgeführt werden. Die Bedeutung der Bibel als Norm der Kirche wird so wieder in Erinnerung gerufen. Luthers Sicht auf die Schrift ist durch einen Zugang geprägt, der auswählt und Akzente setzt. Luther spricht von der Klarheit der Schrift: Die Bibel ist an den meisten Stellen verständlich, und sie legt sich selbst aus. Hierbei wirkt der Heilige Geist mit. Darüber hinaus erklärt Luther Christus zur Mitte der Schrift. Große Autorität können danach nur diejenigen biblischen Schriften beanspruchen, die auf Christus hinweisen – auch im Alten Testament. Nicht alle biblischen Texte sind deshalb gleichermaßen autoritativ. Im Neuen Testament rückt Luther die paulinischen und Teile der johanneischen Schriften in den Mittelpunkt, da sie die Botschaft von der Rechtfertigung der Menschen durch Gott am stärksten vertreten. Der Hebräer-, Jakobus- und Judasbrief sowie die Johannesoffenbarung werden von Luther – entgegen der historischen Reihenfolge – ganz ans Ende des neutestamentlichen Kanons gerückt (siehe S. 47). In gleicher Weise setzt er auch die deuterokanonischen Schriften (vgl. S. 15) des Alten Testaments an dessen Ende.

Diese auswählende, Schwerpunkte setzende Hermeneutik wird von römisch-katholischer Seite zurückgewiesen. Das Trienter Konzil macht sich 1546 dafür stark, dass sich die Kirche auf die *ganze* Bibel beziehen müsse. Auch wird nun explizit formuliert, dass die Bibel der Kirche und ihrer Tradition als eine Norm gegenübersteht, die alle anderen Normen bestimmen soll. Faktisch ist

Sola scriptura: Das protestantische Schriftprinzip Martin Luthers

Gegen die Reformation: das Trienter Konzil

die Bibel allerdings eher ein Element unter dreien. Die anderen beiden sind die kirchliche Tradition und das Lehramt der Kirche.

In Abgrenzung gegen diese Konstellation bezeichnen die Evangelischen die Bibel 1577 in der Konkordienformel als ihre »einige (d.h. einzige) Regel und Richtschnur«. Alle anderen kirchlichen Normen und Bekenntnisse sollen von ihr abgeleitet werden. Damit wird die normative Bedeutung der Bibel und ihr hoher Stellenwert für die evangelischen Kirchen gesichert. Dem gleichen Ziel dient die Lehre von der Verbalinspiration, die ein Jahrhundert später in der evangelischen Theologie entworfen wird. Nach dieser Lehre hat Gott die biblischen Worte denen direkt eingegeben, die sie aufgeschrieben haben. So ist die Bibel mit der göttlichen Offenbarung fast in eins zu setzen. In extremer Auslegung bezieht sich die Lehre von der Verbalinspiration auf den exakten Wortlaut der Bibel.

Die Kritik der Aufklärung an der Bibel

Solche Gedanken kollidieren seit dem 17. Jahrhundert mit der aufklärerischen Kritik an der Bibel. Diese setzt unter anderem bei den Widersprüchen zwischen Texten an. Soll Noah vor der Sintflut von allen Tieren je ein Paar mit in die Arche nehmen (Genesis 6,19), oder soll er von allen reinen Tieren sieben Paare retten (Genesis 7,2)? Welche der beiden Varianten ist die verbindliche? Eine andere Frage ist, wie das Alte Testament als Vorverweis auf Jesus Christus gelten kann, wenn es doch in historischer Sicht noch gar nichts von ihm wissen konnte? Neben dem

DIE BIBEL UND IHRE AUSLEGUNG

Anstoß an solchen Problemen fällt es den Auf-
klärern zunehmend schwerer, das sich heraus-
bildende vernunftbestimmte und naturwissenschaftlich geprägte Verständnis der Welt mit
dem mythischen und Wunder einschließenden
biblischen Wirklichkeitsverständnis (vgl. S. 66–
72) in Übereinstimmung zu bringen. Nach und
nach setzt sich vor allem im Protestantismus
die Erkenntnis durch, dass der menschlichen
Vernunft und Urteilskraft bei der Auslegung
biblischer Texte eine wichtige Rolle einzuräu-
men ist. Umgesetzt wird diese Einsicht seit dem
19. Jahrhundert in der Entwicklung der historisch-kritischen Bibelwissenschaft (vgl. S. 92–94).
Die Bibel wird nun stärker als Dokument ihrer
Entstehungszeit gelesen, das zur Jetztzeit in einiger Distanz steht.

In anderen evangelischen Richtungen, vor allem
im Pietismus und der Erweckungsbewegung,
werden andere Sichtweisen auf die Bibel ent-
wickelt. Gegen ein nur äußerliches Kirchentum **Biblizistisches**
soll der lebendige Glaube gestärkt werden, der **Lesen der Bibel**
sich eng an die Bibel rückbindet und stärker tätig
werden soll. Diese neue Aufforderung zum Handeln ist durch das Massenelend motiviert, das
mit der aufkommenden Industrialisierung verbunden ist. Die »biblizistisch« genannte Art des
Umgangs mit der Bibel (die es auch im Katholizismus und im Judentum gibt) ist dezidiert
aufklärungskritisch und wirft einen un- oder
antihistorischen Blick auf die Texte. Sie lebt vor
allem in Kreisen von kleineren Gemeinschaften,
die sich innerhalb der größeren Glaubensge-

meinschaft absondern, weil sie sich selbst für die »ernsteren« oder »wahreren« Befolger des göttlichen Worts halten. Das biblizistische Verständnis der Bibel geht nicht so weit wie das fundamentalistische. Letzteres entwickelt sich in England ab dem 19. Jahrhundert in der Erweckungsbewegung und von dort ausgehend weiter in den USA. Vor allem dort breitet sich diese Glaubensrichtung im 20. Jahrhundert aus und wirkt seit einigen Jahrzehnten auch auf Europa zurück. Fundamentalistische Strömungen gibt es auch im Katholizismus und im Judentum, doch im evangelischen Bereich treten sie am stärksten in Erscheinung.

Fundamentalistisches Bibelverständnis: die Aussagen der Bibel sind ausschließlich wortwörtlich zu verstehen

Im Fundamentalismus sind die Aussagen der Bibel ausschließlich wortwörtlich zu verstehen und umzusetzen. Dies gilt nicht nur für Glaubensaussagen, sondern auch für alle Fakten, Zahlen, Verfasser- und geographische Angaben. Die christliche Tradition wird dabei nur sehr selektiv wahrgenommen. Oft werden die ausgewählten Elemente mit moralischen und politischen Appellen verknüpft. Die Gläubigen sollen etwa gegen Homosexualität, Frauenemanzipation und Abtreibung Front machen, was durch den Bezug auf einige biblische Texte untermauert wird. Großer Wert wird darauf gelegt, dass bestimmte biblische Aussagen historisch wahr und für die Gläubigen unbedingt verbindlich sind. Zwei Beispiele: Nach der ersten Schöpfungserzählung (Genesis 1,1–2,3) ist die Welt von Gott in sieben Tagen erschaffen worden. In fundamentalistischen, »kreationistischen« Kreisen wird die Evolutionstheorie hingegen als falsch beurteilt. Die altorientalischen Parallelen des Textes und die eigene biblische Gedankenwelt werden in fundamentalistischer Auslegung ausgeblendet. Ähnlich bei der »Jungfrauengeburt«: Jesus ist nach Matthäus 1,23 und Lukas 1,27 von einer »Jungfrau« geboren. In fundamentalistischer Sicht soll Maria im medizinischen Sinn Jungfrau gewesen sein. Der inhaltliche Schwerpunkt der beiden neutestamentlichen Texte liegt allerdings darauf, die göttliche Vaterschaft zu betonen. Dem alttestamentlichen Bezugstext (Jesaja 7,14) geht es sogar nur um die Geburt durch eine »junge Frau« zu einem bestimmten Zeitpunkt, die als Heilszeichen gilt. So stellt sich fundamentalistische Bibelauslegung gegen ein Bibelverstehen dem Inhalt und dem Geist nach und verkürzt dabei die Textaussagen erheblich.

Derzeit fällt den evangelischen Kirchen eine Abgrenzung gegenüber fundamentalistischen Tendenzen nicht immer leicht. Aufgrund der Vielfalt evangelischer Weisen, den Glauben zu leben und sich auf die Bibel zu beziehen, herrscht hier traditionell eine größere Toleranz. Auch arbeitet fundamentalistische Bibelauslegung alte evangelische Glaubensinhalte um. Die Lehren von der Verbalinspiration und von der Irrtumslosigkeit der Schrift sind im 17. Jahrhundert dazu entwickelt worden, die Bedeutung der Bibel gegenüber der Kirche zu stärken. Im protestantischen Fundamentalismus wird die Verbalinspirationslehre dagegen so ausgelegt, dass der Text nur nach seinem buchstäblichen Sinn maßgeblich ist und nicht nach seinem Inhalt oder Geist. Die Lehre von der Irrtumslosigkeit der Schrift wird als Instrument der Abwehr historischer Bibelinterpretation benutzt.

Fundamentalistischen Religionsformen wohnt ein hohes Maß an Intoleranz inne. Das vermeintliche Wissen über den alleinigen Weg zum Heil führt zu vehementen Verurteilungen Andersdenkender und zu regen Missionsbewegungen. So erscheint die fundamentalistische Bibelauslegung durch ihre Medienpräsenz wichtiger, als sie nach der Zahl ihrer Anhänger ist.

Im Zweiten Vatikanischen Konzil öffnet sich die katholische Kirche für die historische Bibelkritik

So vehement die historische Sichtweise auf die Bibel von fundamentalistischen Kreisen abgelehnt wird, so stark hat sie sich nach und nach doch verbreitet. Im 20. Jahrhundert hat sich auch die römisch-katholische Bibelauslegung für sie geöffnet. Die entscheidende Wende vollzieht das Zweite Vatikanische Konzil (1962–1965) mit der Dogmatischen Konstitution *Dei verbum* (1965). Die Bibel wird als von Gott inspiriert angesehen. Sie ist aber nicht das wortwörtlich bezeugte Gotteswort, sondern Gotteswort im Menschenwort.

Das derzeit maßgebliche Dokument der Päpstlichen Bibelkommission (1993) bejaht unter dem Titel *Die Interpretation der Bibel in der Kirche* eine große Spannbreite von Methoden der Bibelexegese, darunter etwa auch befreiungstheologische und feministische. Diese Sichtweisen auf die Bibel sind auch im evangelischen Raum verbreitet. Die Befreiungstheologie besitzt ihre Wur-

DIE BIBEL UND IHRE AUSLEGUNG

zeln in Lateinamerika. Im deutschsprachigen Raum hat sie in der sozialgeschichtlichen Bibelauslegung Fuß gefasst. Sie betont, dass die Botschaft der Bibel von der Rettung der Menschen durch Gott sich vor allem an die Armen richtet und deshalb auch heute stärker als Evangelium der Armen verstanden werden muss – mit den entsprechenden Konsequenzen für das politische und gesellschaftliche Handeln. In der feministischen Bibelexegese (vgl. S. 112–119) verschaffen sich Frauen Gehör. Sie waren zwei Jahrtausende lang fast völlig von der Auslegung der Bibel ausgeschlossen. Nun wird die Bibel unter der Frage gelesen, wie sie zur Befreiung von Frauen heute beitragen kann. Im Dokument der Päpstlichen Bibelkommission ist einzig der fundamentalistische Zugang ausgeschlossen. Begrüßt werden demgegenüber Versuche, die biblische Botschaft mit den unterschiedlichen Lebenszusammenhängen in Verbindung zu bringen, in denen Menschen weltweit leben.

»Spricht die Bibel unmittelbar zu jedem Menschen, oder kann sie nur von Fachleuten verstanden werden?«

Wem »gehört« die Bibel?

Wer die Bibel lesen möchte, hat weltweit Zugang zu ihr: Sie ist nicht nur als Buch in zahlreichen Übersetzungen erhältlich, sondern auch als Hörbuch, als Datensatz, in elektronischer Fassung mit erklärenden Links usw. Viele biblische Texte können auch von Menschen verstanden werden, die keine Kenntnisse der Bibelauslegung besitzen. Ein solches nicht vorgebildetes Bibellesen gibt es, seit es biblische Schriften gibt.

Seit der Entstehungszeit der Bibel werden in Judentum und Christentum aber auch Möglichkeiten erdacht, wie der Reichtum der biblischen Botschaft besser erschlossen werden kann. Seit der Antike wird dieses Instrumentarium von Fachleuten verfeinert und in jeder Epoche dem veränderten Wissensstand angepasst.

Die Bibel legt sich schon im Alten Testament selbst aus — Die ersten Spuren der Bibelauslegung finden sich bereits im Alten Testament. Indem beispielsweise die Chronikbücher die Geschichte des israelitischen und judäischen Königtums erneut nacherzählen (siehe S. 23), setzen sie ihre Darstellung gegen die der älteren Samuel- und Königebücher. Im Judentum wird in den ersten nachchristlichen Jahrhunderten vor allem die Tora zum Ausgangspunkt einer Vielzahl von Auslegungen in Talmud und Midrasch. Die Schriften des frühen Christentums sind an vielen Stellen Auslegungen alttestamentlicher Texte.

Nach dem Abschluss der Kanonbildung des TaNaK bzw. des Alten und Neuen Testaments (vgl. S. 40) wird die Auslegungsweise verfeinert. Im rabbinischen Judentum der ersten nachchristlichen Jahrhunderte wird die Midraschexegese weiterentwickelt, die sich teilweise schon in der Bibel und ihren frühen Übersetzungen oder Kommentaren (Septuaginta; Qumran; vgl. S. 13–15) findet. Ihr zugrunde liegt die Vorstellung, dass jeder Bibelvers, jedes Wort und jede Wortverbindung die göttliche Weisheit zum Ausdruck bringen. Da diese Weisheit unerschöpflich ist, gibt es unendlich viele Bedeutungen. Sie stehen gleichwertig nebeneinander. Dass es viele und unterschiedlichste Auslegungen gibt, wird dabei nicht – wie weithin in der christlichen Bibelauslegung – als Manko empfunden. Die Vielfalt der Auslegungen spiegelt den Reichtum der göttlichen Weisheit. Unter dem Namen Rabbi Hillels firmiert bereits um die Zeitenwende eine erste Sammlung von sieben exegetischen Regeln. Mehr als ein Jahrtausend später (1217) führt Rabbi Eleazar ben Judah von Worms in seinem »Buch der Weisheit« 73 Methoden der Erklärung biblischer Verse an. Dabei können unter anderem der Zahlenwert der Buchstaben, die Form der Buchstaben oder hinzugesetzte Musikzeichen Bedeutung tragen. In der Midraschexegese werden beispielsweise auch biblische Rechtstexte durch das Hinzu-

Midraschauslegung: Jüdisches Ausschöpfen der göttlichen Weisheit

fügen weiterer Unterscheidungen an die Erfordernisse späterer Zeiten angepasst. Erzähltexte werden aktualisiert, indem sie um weitere Details angereichert werden. Solche Einzelheiten können beispielsweise aus Querverbindungen zu anderen biblischen Texten entwickelt werden. Diese gelehrte Art der Schriftauslegung ist im Judentum bis in die Neuzeit weit verbreitet. Ihr zur Seite stehen das Schriftlesen und -studium der Juden und Jüdinnen. Anders als im vorreformatorischen Christentum sind die heiligen Schriften nicht nur den Rabbinen oder Gelehrten zugänglich, sondern allen jüdischen Menschen. Viele von ihnen kennen weite Teile des TaNaK auswendig. Die Texte dienen Kindern zum Lesenlernen, und sie prägen die geschriebene hebräische Sprache in hohem Maße.

In Anlehnung an die jüdische Schriftauslegung entwickelt auch das frühe Christentum seinen Umgang mit der Bibel. Es schließt sich dabei allerdings stärker an die hellenistische Auslegung an, die im Judentum neben der skizzierten rabbinischen existiert. Nun kommt unter anderem die allegorische Interpretation zum Tragen, wie sie der jüdische Gelehrte Philo von Alexandrien (geb. um 20 n. Chr.) praktiziert. In der Allegorese wird ein Text in seinen einzelnen Teilen mit Elementen anderer Erzählungen oder Geschehnisse parallelisiert und so ausgedeutet. Auf diese Weise werden Sinndimensionen des Textes gewonnen, die über die wörtliche Bedeutung hinausgehen. Dabei wird die »niedere« Bedeutung nicht verworfen, sondern neben oder unter die allegorische »höhere« oder »geistliche« Ausle-

gung gestellt. Das allegorische Auslegungsprin-
zip kommt bereits im Neuen Testament zur An-
wendung, wenn beispielsweise das Gleichnis
vom Sämann (Markus 4,3–8) in Markus 4,13–20
auf das Fruchtbringen des Wortes gedeutet wird.

Der doppelte Schriftsinn erkennt neben dem
wörtlichen *sensus litteralis* bzw. *historicus* auch
den übertragenen *sensus spiritualis* bzw. *mysticus*.
Beide Schriftsinne sind im Christentum bis ins
Mittelalter und die Zeit der Reformation hinein die
gängige Art der Bibelauslegung. Eine stärkere Aus-
differenzierung erfährt die Methodik in der Lehre
vom dreifachen, später vom vierfachen Schriftsinn.

**Der Merksatz vom vierfachen Schriftsinn
lautet:** *Littera gesta docet, quid credas alle-
goria, moralis quid agas, quo tendas anago-
gia.* »Der Buchstabe lehrt die Geschehnisse; was du glauben sollst, die Allegorie;
der moralische Sinn, was du tun sollst; wo-
hin du streben (was du hoffen) sollst, die
Anagogie.«

Diese Art der Bibelauslegung öffnet einen großen Spielraum für die Auslegenden. Sie setzt
aber auch Kenntnisse der Bibel und der Aus-
legungsmethodik voraus, die bei ungebildeten
Bibellesenden kaum vorhanden sind. Insofern ist
sie eher eine Sache der Gebildeten.

Ein großer Teil der christlichen Gläubigen ist zu
dieser Zeit allerdings nicht gebildet und kann

**Im Christentum:
Vor allem
Gebildete lesen
die Bibel**

Rabbinerbibel mit dem Text von Genesis 1,1 und Kommentierungen

nicht einmal lesen. Auch haben nur wenige Menschen Zugang zu einer der kostbaren Handschriften. Die Bibelinteressierten sind auf andere Quellen angewiesen: In manchen Kirchen sind bildliche Umsetzungen biblischer Texte zu sehen. Darüber hinaus vermitteln landessprachliche Bibeldichtungen die wichtigsten biblischen Inhalte. In den gottesdienstlichen Lesungen, Predigten und der Liturgie wird dagegen die lateinische Bibelübersetzung (Vulgata) verwendet. Ohne La-

DIE BIBEL UND IHRE AUSLEGUNG

teinkenntnisse bleibt den Gläubigen der Sinn der Texte verborgen. Immer wieder gibt es Versuche, landessprachliche Bibelübersetzungen zu erstellen. So sind die ersten Dokumente des Schriftdeutschen ab dem 8. Jahrhundert Bibelübersetzungen und -dichtungen. Seit sich das Mönchtum im beginnenden Mittelalter ausbreitet, sind die Klöster die wichtigsten Orte, an denen auch niedrig gestellte Menschen das Lesen lernen.

Im christlichen Mittelalter: die Bibel – ein lateinisches Buch

Das Hochmittelalter ist eine Blütezeit der jüdischen Bibelexegese. Kommentare und Auslegungen zu biblischen Texten werden zum Beispiel von Raschi (Rabbi Schelomo Jizchaki, 1040–1105), Abraham Ibn Esra (1092–1167) und David Kimchi (1160–1235) verfasst. Die Auslegungen dieser Gelehrten sind weit verbreitet und genießen im Judentum wie unter christlichen Gelehrten bis heute hohe Wertschätzung.

Gelehrte jüdische Bibelauslegung des Mittelalters: bis heute hoch geachtet

Eine andere Strömung mittelalterlicher jüdischer Exegese ist die Kabbala. Diese Lehre baut auf einem spekulativen System auf und sucht in den biblischen Texten nach einer symbolischen Offenbarung.

In der christlichen Kirche eignen sich zu dieser Zeit zunehmend Laien und Laiinnen die Bibel an. Vielfach gewinnen solche Menschen angesichts der Massenarmut im 12. und 13. Jahrhundert aus der Botschaft des Evangeliums neue Einsichten. Da Jesus und alle, die ihm nachfolgten, nach biblischem Zeugnis arm waren und ihre wenige Habe teilten, wird die Forderung laut, dies solle auch in der Kirche gelten. Solchen Forderungen verschließt die sich allerdings.

Die Kirche im Mittelalter: Wer hat größere Autorität – die Bibel oder die Priester?

Die Kirche reagiert darauf unter anderem durch den Versuch, die Bibel vor der Erforschung durch Ungebildete zu schützen. So soll das Bibellesen den Priestern und kirchlichen Gelehrten vorbehalten bleiben. Papst Innozenz III. (1198–1216) mahnt, dass die Autorität der Bibel nicht über die der Priester gestellt werden dürfe. Innerkirchliche Kritiker wie der Engländer John Wyclif (1330–1384) und der Böhme Johannes Hus (1371–1415) verfechten demgegenüber die Haltung, dass die Bibel allein die höchste Autorität in allen Belangen des Lebens sein soll. Sie wird als Lehr-, Erziehungs- und Gesetzbuch gesehen. Und zwar nicht nur für die Kirche als Ganze, sondern auch in den lebenspraktischen Fragen der Menschen. Brisant für die Kirche wird ein solcher Umgang mit der Bibel dadurch, dass die kirchliche Auslegung dabei keine große Rolle mehr spielt.

Entscheidende Impulse durch den Humanismus

Die frühen Reformatoren sind offen für die entstehende Bewegung des Humanismus, der sich den antiken Quellen zuwendet. Der bedeutende Humanist Erasmus von Rotterdam (1466/69–1536) gibt das Neue Testament in der griechischen Ursprache heraus. Durch die technische Weiterentwicklung des Buchdrucks wird die Bibel bald auch für gebildete Laien und Laiinnen zugänglich. Sie erkennen die Unterschiede zwischen dem Urtext und der kirchlichen lateinischen Übersetzung und fordern, dass die Bibel den Priestern und der kirchlichen Hierarchie mit ihrem Auslegungsmonopol aus der Hand genommen und wieder den Gläubigen zurückgegeben werden soll. Zeitweise machen sich Menschen in dieser Zeit aus der Sicht der Kirche bereits durch den Besitz und das Lesen einer Bibel der Häresie verdächtig.

Die reformatorische Bewegung im deutschsprachigen Raum im 16. Jahrhundert nimmt die kirchenkritischen Gedanken auf und verdichtet sie. Die Bibel wird nun als diejenige Autorität herausgestellt, die über der Kirche und dem Papst steht. In der konkreten Auslegung der Bibel wird mit dem vierfachen Schriftsinn gebrochen, der in der römisch-katholischen Kirche weiter in Geltung steht. Die Auslegung Martin Luthers (1483–1546) ist eng mit seinen dogmatischen und ethischen Überzeugungen verwoben. Der allegorischen Schriftauslegung steht er skeptisch gegenüber.

Einzigartig ist der Einfluss der Bibelübersetzung Martin Luthers auf die deutsche Sprache. Durch die weite Verbreitung der Lutherübersetzung gibt es erstmals eine einheitliche deutsche Sprachform.

Martin Luthers Bibelübersetzung: erstmals eine einheitliche deutsche Sprache

Für die reformatorische Bibelauslegung besitzt die gottesdienstliche Predigt einen hohen Stellenwert. Doch sollen auch die Gemeindeglieder selbst in die Lage versetzt werden, mit der Bibel umzugehen. Das hat einen enormen Bildungsschub zur Konsequenz. In den evangelischen Ländern soll es Schulen für alle Kinder geben,

Mädchen wie Jungen. Die Auslegung der Bibel durch theologisch nicht Vorgebildete ist allerdings eine zweischneidige Angelegenheit: Sie stillt das große Interesse vieler Menschen an der Bibel und führt zur Vertiefung des Glaubens, aber sie kann auch dazu führen, dass Menschen die Bibel willkürlich und inadäquat auf ihr Leben beziehen. So legitimiert der hessische Landgraf Philipp im Jahr 1540 seine Doppelehe unter Berufung auf die Erzväter im Buch Genesis, die mehrere Frauen hatten. Eine solche Auslegung führt vor Augen, dass die Bibel eben nur in einer *bestimmten* Auslegung (vgl. S. 76 f.) auf die reformatorischen Ziele hinweist.

Zu einer entscheidenden Weiterentwicklung der Bibelauslegung kommt es mit dem Beginn der Aufklärung und der Entwicklung des Geschichtsbewusstseins. Während die römisch-katholische Kirche die aufklärerischen Gedanken zunächst abweist, gehen die evangelischen Kirchen unterschiedlich damit um. Der Pietismus und die mit ihm verwandte Erweckungsbewegung setzen sich entschieden vom aufklärerischen Denken ab (vgl. S. 78 f.). Hier wird von den neu entwickelten Methoden allein die Textkritik (siehe unten) anerkannt, da sie hilft, den Wortlaut des ursprünglich Geoffenbarten zu ergründen. Die Erweckungsbewegung erfährt in der Folgezeit vor allem in Nordamerika starke Verbreitung.

Im Zuge dieser Bewegung entstehen weltweit Bibelgesellschaften, die oft die konfessionellen Grenzen überwinden und zahlreiche neue landessprachliche Bibeln hervorbringen.

Die Hauptströmungen des evangelischen Glaubens nehmen die aufklärerische Kritik auf und entwickeln seit dem 19. Jahrhundert eine wissenschaftliche Bibelauslegung. Durch neu entwickelte Methoden wird versucht, den Abfassungsumständen und den Quellen der biblischen Texte auf die Spur zu kommen. Dieser Prozess mündet in die Entwicklung der historisch-kritischen Methode, die im deutschsprachigen Raum bis heute eine wichtige Art der Erschließung biblischer Texte ist. Mithilfe dieser Methode wird zunächst in der Textkritik ein Textabschnitt in seinen unterschiedlichen Überlieferungsvarianten (vgl. S. 13–17) untersucht und nach der ältesten Textform gefragt. Eine genaue philologische Analyse richtet den Blick unter anderem auf die Einheitlichkeit des Textes bzw. Brüche in ihm (Textanalyse). Die Untersuchung der Textgattung kann ebenfalls Aufschluss darüber geben, ob der Text in seiner ursprünglichen Form überliefert ist oder bereits Überarbeitungsspuren aufweist (Formgeschichte). Sind solche auszumachen, wird annäherungsweise versucht, Teile des Textes unterschiedlichen Schichten der Entstehung zuzuweisen (Literarkritik). Dabei kann möglicherweise bis zu einer mündlichen Überlieferungsstufe vorgedrungen werden (Überlieferungsgeschichte). Ein weiterer Schritt versucht, den Vorgang nachzuzeichnen, in dem diese Schichten zum jetzigen Text zusammengefügt wurden (Redaktionsgeschichte). Gegenüber diesen Untersuchungsschritten, die sich auf das mutmaßliche Textwachstum konzentrieren – die diachrone Ebene –, befassen sich andere stärker

Entwicklung der historisch-kritischen Methode der Bibelauslegung seit dem 19. Jahrhundert

mit dem Text in seiner vorhandenen Form (die synchrone Ebene). Hierzu zählt bereits die Formgeschichte. Sie fragt auch nach dem »Sitz im Leben« eines Textes, d.h. nach dem lebensweltlichen Zusammenhang, in dem ein Text vermutlich ursprünglich gesprochen oder verwendet worden ist (beispielsweise im Kult, in der Schule etc.). Die Traditionsgeschichte versucht, die Herkunft der im Text verwendeten Denkweisen und Motive auszumachen, soweit sie auf biblische Traditionen zurückgeht. Gleiches tut die Religionsgeschichte für außerbiblische Traditionen. Schließlich ist der historische Ort des Textes zu bestimmen: Welche Aussage hat er zu welcher Zeit in welcher historischen Situation gehabt?

Eine Methode für Fachleute

Durch diese Methodik wird die Bibelexegese zu einem sehr anspruchsvollen Unternehmen, das nur noch von Spezialisten und Spezialistinnen praktiziert werden kann. Sie erfordert eine profunde Kenntnis der antiken Sprachen, Literaturen und Kulturen. Andererseits wird auch eine Kritik an der Bibel möglich, wie es etwa feministische Exegese (vgl. S. 112–119) an den patriarchalen biblischen Vorstellungen übt. Oder die Bibel kann ihrerseits als kritische Instanz den Kontext der heutigen Lesenden herausfordern und infrage stellen.

Die römisch-katholische Kirche öffnet sich seit dem Zweiten Vatikanischen Konzil (1962–1965) der historisch-kritischen Methode. Während diese derzeit in der deutschsprachigen Bibelwissenschaft noch die vorherrschende Auslegungs-

DIE BIBEL UND IHRE AUSLEGUNG

methodik ist, erscheinen ihre Ergebnisse den Gläubigen häufig zu komplex und auf ihr eigenes Leben kaum anwendbar.

Weltweit gesehen lässt sich eine Abkehr von der Vorherrschaft dieser Methodik verzeichnen. Einerseits werden Methoden aus der Literaturwissenschaft aufgenommen, die versuchen, dem Text in seiner Endfassung, ohne ein Zurückfragen auf vorhergegangene Wachstumsstufen, Sinn zu entnehmen. Dieser methodische Zweig wächst gerade stark. Auch die Kanonische Exegese erfährt größeren Zuspruch. Hierbei werden einzelne Texte im Sinnhorizont des gesamten biblischen Kanons ausgelegt und etwa mit anderen Texten ins Gespräch gebracht. Auf der anderen Seite lässt sich auch die Zunahme fundamentalistischer Bibelauslegung (vgl. S. 80–83) diesem Trend zuordnen.

Abkehr von der historisch-kritischen Bibelauslegung

Die Länder des Südens – mittlerweile leben die meisten Christinnen und Christen auf der südlichen Welthalbkugel – haben sich von der Kolonisierung und Missionierung durch den Norden emanzipiert und entwerfen nun Bibelauslegungen nach ihren eigenen Notwendigkeiten. Auch hier kommen neue Methoden und Perspektiven ins Spiel. Lebenspraktische Fragen stehen im Vordergrund: Wie ist der Armut in weiten Teilen der Bevölkerung zu begegnen? Wie können Menschen mit den Folgen von HIV/AIDS umgehen? Wie kann das Gespräch mit Gläubigen nichtchristlicher Religionen geführt werden? In diesen Kontexten wird die Bibel meist sehr direkt

Außerhalb Europas: Elementarer Bezug von Bibel und Leben

und elementar auf das Leben bezogen. Dies ist umso naheliegender, als die Lebensumstände den biblischen oft ähneln und eine direkte Adaption der Texte auf das Leben nicht mit den interkulturellen Anstrengungen westlich geprägter Gesellschaften verbunden ist. Bei uns dagegen beginnen Lernprozesse, in denen die Gläubigen versuchen, sich von der Bibelauslegung ihrer südlichen Geschwister bereichern zu lassen.

Die Bibel und ihre dunklen Seiten

»Das Alte Testament ist ein von Gewalt strotzendes Buch«

Wie mit biblischen Gewaltschilderungen umgegangen werden kann

Dass das Alte Testament von Gewalttätigkeit strotzt, ist eine verbreitete Ansicht. In der Tat enthält es eine beträchtliche Anzahl von Gewaltschilderungen. Wie auch andere zentrale Probleme der Menschen in der Bibel ihren Platz finden, so wird zwischenmenschliche Gewalt weder ausgespart noch beschönigt. Alltägliche Gewalt durch Mitmenschen zeigt sich vor allem in Klagepsalmen, die Bilder für vielfältige Bedrohungen und Bedrückungen finden (Psalm 7; 10; 17; 35 u. v. m.). Die Folgen ökonomischer Ausbeutung werden vor allem in der Prophetie in drastische Bilder gefasst: So werden die Armen von den Reichen »geschunden« (Amos 4,1), d. h. ihnen wird bei lebendigem Leibe die Haut abgezogen. Gewalt herrscht in Familien, wenn ungehorsame Söhne bzw. Kinder von ihren Eltern körperlich hart gezüchtigt werden (Sprüche 13,24; 19,18; 29,15). Geschildert wird auch se-

Zwischenmenschliche Gewalt, ökonomische Ausbeutung, Kriege

xuelle Gewalt gegen Frauen. Sie geschieht in unbewohnten Gegenden (Genesis 34,2) und in führungslosen Zeiten (Richter 19,15–25), aber auch in der königlichen Familie (2 Samuel 13,14). Besonders im Krieg nehmen Gewalthandlungen extreme Formen an. Vor allem die Zivilbevölkerung leidet. Frauen der besiegten Völker müssen fürchten, vergewaltigt zu werden (z. B. Richter 5,30; Jeremia 15,8 f.; Klagelieder 5,11; Sacharja 14,2). Schwangere werden aufgeschlitzt und kleine Kinder brutal ermordet (Hosea 14,1; Jesaja 13,16). Die Folge von Kriegszügen sind oft Not- und Hungerszeiten, in denen es zu Kannibalismus kommen kann (2 Könige 6,24–31; Klagelieder 4,10). Auch im Gottesbild wird Gewalttätigkeit nicht ausgespart. Gott wird als Urheber von Gewalt angesehen (z. B. Jeremia 20,7; Klagelieder 1,12 f.; Amos 3,6; Psalm 88; Hiob 6,4). Die Zeit des Kommens Gottes wird als eine Zeit von Gewalt und Zerstörung vorgestellt (z. B. Jesaja 24; Joël 1,2–2,17; Zefanja 1,14–18).

Doch sind es nicht nur die Texte selbst, die bei vielen Menschen den Eindruck hervorrufen, dass das Alte Testament ein Buch der Gewalt ist. Vor allem in der Geschichte des Christentums gibt es viele Zeiten und Anlässe, zu denen alt- und neutestamentliche Texte dazu benutzt werden, zu Gewalt aufzurufen oder sie zu rechtfertigen. Seit den ersten nachchristlichen Jahrhunderten werden Judenverfolgungen auch damit begründet, dass die Juden Christusmörder seien – und dafür selbst ihre Strafe bestimmt hätten (Matthäus 27,25; vgl. S. 105–111). Zwischen der Ablehnung

Biblische Texte zur Legitimation menschlicher Gewalttaten

des Alten Testaments wegen seiner »Gewalttätig-keit« und antijudaistischen Haltungen besteht häufig eine Verbindung.

Zur Legitimation menschlicher Gewalttaten werden im Laufe der Kirchengeschichte gerade solche Texte herangezogen, in denen Gott für sein Volk gegen andere Völker Krieg führt.

Dies geschieht beispielsweise während der Kreuzzüge im europäischen Mittelalter, als Muslime mit den Gegnern der Kirche identifiziert und als »Heiden« bekämpft werden. Die Conquista Südamerikas ab dem Ende des 15. Jahrhunderts wird unter ähnlichen Vorzeichen geführt. Während des »Großen Treks« bekämpfen die südafrikanischen Buren in der Mitte des 19. Jahrhunderts die Bewohner(innen) des Landes. Sie legitimieren dies wie auch die spätere »Apartheid«-Ideologie mit Texten aus dem Deuteronomium und dem Josuabuch.

Was unter Berufung auf die biblischen Texte an Unheil angerichtet worden ist, soll nicht kleingeredet werden. Es ist aber sachlich von den Texten selbst zu trennen. Werden sie in den Blick genommen, dann ergibt sich ein anderes Bild als das bekannte Stereotyp. Und zwar in zweierlei Hinsicht: Zum einen sind es nicht nur alttestamentliche Texte, die Gewalt schildern, sondern auch neutestamentliche. Von der Züchtigung des Sohnes bzw. Kindes ist auch in Hebräer 12,6–11 die Rede. Gewalt gegen Menschen mit gemindertem Rechtsstatus (siehe unten) wird etwa im Fall von Sklaven oder Sklavinnen (1 Petrus 2,20a),

Albrecht Dürer,
Apokalyptische
Reiter

Ortsfremden wie dem umherziehenden Apostel
Paulus (2 Korinther 11,23–25; Apostelgeschichte
16,22–24) oder Menschen mit abweichenden religiösen Ansichten (Apostelgeschichte 7,57–60;
12,1 f.) geschildert. Auch im Neuen Testament wird
das Kommen Gottes mit dem nahen Weltende
und mit Gewaltzuständen verbunden (Markus 13
mit Parallelen; Offenbarung 6–11).

Zum anderen enthalten die Texte keine Aufforde-
rungen an die Lesenden, *selbst* gewalttätig zu

werden. Gerade darin, dass *Gottes* Reaktion her-
aufbeschworen wird, liegt ein Gewaltverzicht der
geschädigten Menschen.

Die biblischen Texte entstammen der altorientalischen und antiken Lebenswelt (vgl. S. 56–65).
Um sie und ihre Schilderungen von Gewalt zu
verstehen, sind kulturspezifische Einstellungen
zu berücksichtigen. Es gelten andere Kriterien
dafür, eine Handlung als Gewalttat zu qualifizie-
ren, als in der modernen westlichen Welt. Menschenrechte im heutigen Sinne existieren noch
nicht und Gewalt gegen Menschen mit gemindertem Rechtsstatus (Kinder, Frauen, Fremde, Halb-
freie, Sklaven und Sklavinnen) ist häufig legal.
Gewalt im Krieg wird ohnehin anders bewertet
als Gewalthandlungen in Friedenszeiten. Kriegs-
gewalt bleibt ungeahndet, auch wenn sie gegen
die Zivilbevölkerung gerichtet ist. Dies gilt allerdings nicht nur für die antike Welt, sondern bis
weit in die Moderne: Vor dem 20. Jahrhundert
gibt es keine Regelungen, die die Zivilbevölkerung im Kriegsfall vor Übergriffen schützen soll
und die Kämpfenden vor solcher Gewalt, die dem
Kriegszweck nicht unmittelbar dient.

**Auch das Gewalt-
verständnis der
Bibel entstammt
der altorientali-
schen und anti-
ken Lebenswelt**

Bei der Bewertung von Schilderungen göttlicher
Gewalt sollte bedacht werden, dass in der altorientalischen und antiken Welt Gott oder die
Gottheiten als Alleinursache aller Geschehnisse
gelten (vgl. S. 68–72). Dieser umfassende Charakter des göttlichen Wirkens liegt vielen Schilderungen göttlicher Gewalt zugrunde. »Ich lasse
Licht werden und erschaffe Dunkel, ich lasse das

Heil werden und erschaffe Unheil. Ich bin JHWH, der das alles werden lässt.« (Jesaja 45,7) Dieser Vers bringt die biblische Grundhaltung auf den Punkt: Gott wird in der Bibel nicht als besonders gewalttätig angesehen, sondern wird als Wirkursache hinter allem angesehen – hinter Gutem wie Schlechtem (vgl. auch Hiob 2,10).

Nicht alle Schilderungen bilden die Realität ab Bei der Einordnung biblischer Gewaltschilderungen ist noch mehr zu bedenken. Dass die Bibel Gewalt schildert, bedeutet nicht, dass die Texte tatsächlich Geschehenes beschreiben. Im Medium der Literatur kann auch Fiktives, Neues, so nicht Geschehenes erschaffen werden. So verhält es sich wohl bei der Landnahmeschilderung in Josua 1–12. Auch kann eine Gewaltschilderung gezielt dazu eingesetzt werden, Aufmerksamkeit bei den Hörenden oder Lesenden zu erregen. Dies ist etwa in den Textpassagen der Fall, in denen sexuelle Gewalt in Verbindung mit pornographischen Schilderungen als skandalöses Sprachbild eingesetzt wird (z. B. Jeremia 13,20–27; Ezechiel 16 und 23; Offenbarung 17). Den personifizierten »Frauen« Israel, Samaria, Jerusalem, Babylon oder Rom wird hier sexuelle Gewalt zugefügt. Im Hintergrund der Schilderungen und Sprachbilder stehen sicher sexuelle Gewalthandlungen gegen leibhaftige Frauen. Sie werden aber abgewandelt und verschärft und dienen dem Zweck, das Publikum aufzurütteln, damit es seine Handlungsweise verändert.

In manchen biblischen Texten werden belastende und quälende Aspekte der Wirklichkeit so dargestellt, dass sich auch in späteren Zeiten Menschen in diesen Worten wiederfinden können. Die Leidschilderungen der Klagepsalmen (Psalm 7; 10; 17; 35 u. v. m.) können auch heutigen Gewaltopfern Sprache verleihen, damit die in ihrem Leid nicht verstummen müssen. Gerade Anklagen an Gott oder an die Mitmenschen können ein wichtiger Schritt der Gewaltbearbeitung sein, um aus einer passiven Opferrolle herauszufinden oder sich in eine Reihe mit Menschen zu stellen, die an Gewalt gelitten und sich gegen sie gewehrt haben.

Klagepsalmen: Sprache für das Leid finden, um nicht verstummen zu müssen

Literatur besitzt nicht nur die Freiheit, von der Realität abzuweichen. In ihrer Fiktionalität liegt auch die Möglichkeit, Gegen-Realitäten zu entwerfen. So ist die Aufforderung zum Umschmieden der Schwerter zu Pflugscharen (Micha 4,3; Jesaja 2,4) zu deuten, die kriegerischer Zeit entstammt. Hier wie in anderen Texten (z. B. Jesaja 11,6–9) spricht sich eine tiefe Sehnsucht einer umfassend gewaltlosen Zeit aus.

Die Bibel kennt Gegen-Welten ohne Gewalt

»Dann wohnt der Wolf bei dem Lamm und lagert der Panther bei dem Böcklein. Kalb und junge Löwen weiden gemeinsam ein kleiner Knabe kann sie hüten. Die Kuh wird sich der Bärin zugesellen und ihre Jungen liegen beieinander; der Löwe nährt sich wie das Rind von Stroh. Der Säugling spielt am Schlupfloch der Otter und in die Höhle der Natter streckt das entwöhnte Kind seine Hand. Sie schaden nicht und richten kein Verderben an auf meinem ganzen heiligen Berg, denn das Land ist voll der Erkenntnis des Herrn, wie die Wasser das Meer bedecken.«   Jesaja 11,6–9

An eine solche Sehnsucht ließe sich bei heutigen Bemühungen um Frieden und um Gewaltlosigkeit anknüpfen – jenseits religiöser Bekenntnisse. Die Bibel kann als menschheitsgeschichtliches Zeugnis gewalttätiger Zeiten verstanden werden, das uns allerdings auch Fragen stellt: Ist es wirklich so, dass unsere »aufgeklärte« Zeit weniger Gewalt kennt als die biblische? Wenn die globale Welt in eine Beurteilung mit einbezogen wird, wenn ökonomische Ungerechtigkeit und ihre Folgen in der »Dritten Welt« nicht ausgeklammert werden, dann kann diese Frage kaum bejaht werden. Jede Zeit und jede Kultur kennt ihre eigenen Gewaltformen und -strukturen. Die biblischen Texte können dazu anregen, sich im Kontrast zu ihnen mit der »Andersheit« der heutigen Gewalt zu befassen und eigene Antworten auf unsere spezifischen Gewaltprobleme zu finden.

»Das Neue Testament ist ein antijudaistisches Buch«

Christliche Identitätsfindung und die Abwertung des Judentums

»Antijudaistisch« – was heißt das? »Antijudaismus« bezeichnet eine feindliche Haltung oder Praxis gegenüber Menschen jüdischen Glaubens oder der jüdischen Religion und Kultur. Der Begriff schließt heute meist den früher verwendeten Terminus »Antisemitismus« ein. In der wissenschaftlichen Diskussion ist »Antisemitismus« nur noch für solche Ausprägungen des Antijudaismus gebräuchlich, die Vorstellungen von verschiedenen »Rassen« und deren »Wert« entwickeln. Ein Beispiel dafür ist die völkische und später nationalsozialistische »Rasse«-Ideologie der ersten Hälfte des 20. Jahrhunderts. »Antijudaismus« gibt es bereits seit der Antike. Was seine Entstehung motiviert, ist bis heute unklar. Ein bedauerliches Faktum ist aber, dass er seit 2000 Jahren in immer neuen Erscheinungsformen existiert.

Dass es im Neuen Testament antijudaistische Texte gibt oder dass das gesamte Neue Testament ein antijudaistisches Dokument ist, ist in historischer Sicht eine befremdliche These. Denn die frühen Christen und Christinnen begreifen sich selbst als Teil des Judentums, und so werden sie auch von anderen eingeschätzt und behandelt. Das Judentum ist die wichtigste Wurzel des

Das Judentum ist die wichtigste Wurzel des Christentums

Christentums (siehe Römer 11,16–24; vgl. S. 62 f.).
Zumindest bis gegen Ende des 1. Jahrhunderts
n. Chr. versteht sich das frühe Christentum als jüdische Glaubensrichtung. In dieser Zeit entsteht
der überwiegende Teil der neutestamentlichen
Schriften. Wie kann es unter solchen Bedingun-
gen zu Antijudaismus kommen? Um diese Frage
zu beantworten, soll zunächst ein Blick auf einige
neutestamentliche Texte geworfen werden, die
antijudaistisch zu sein scheinen.

Schuld am Tod Jesu? Dass die Schuld an Jesu Tod vor allem bei den
jüdischen Oberen zu suchen ist, schildern auf
unterschiedliche Weise das Matthäus- und das Lukasevangelium – entgegen der historisch zutref-
fenden Sicht, nach der die römischen Behörden
die Verantwortung für die Kreuzigung Jesu tragen. Bei Lukas wird beschrieben (Lukas 23,13–25),
wie der römische Präfekt Pilatus nach dem Verhör
bei Jesus keine Schuld feststellen kann und entschieden ist, ihn wieder freizulassen. Erst die jüdischen Oberen und das Volk bewirken durch ihre
Intervention, dass Jesus doch gekreuzigt wird. In
ähnlicher Weise wird bei Matthäus erzählt, wie Pilatus versucht, das Volk von Jesu Unschuld zu
überzeugen. Doch die Volksmenge lehnt seine
Freilassung ab. Pilatus spricht sich daraufhin von
jeder Verantwortung für das nun Folgende frei
und wäscht seine Hände demonstrativ »in Unschuld«. Daraufhin ruft die Volksmenge (Matthäus 27,25): »Sein Blut komme über uns und unsere Kinder!« In der christlichen Theologie wird
dieser Ruf »Selbstverfluchung Israels« genannt.
Häufig hat diese Deutung die Grundlage für vulgä-

ren Antijudaismus geliefert: »Die Juden« haben nicht nur den Christus umgebracht, sondern selbst die Strafe dafür auf sich herabbeschworen.

Verstärkt wird diese Ansicht durch eine Passage im 1. Thessalonicherbrief (2,14–16). Hier wird ebenfalls gegen »die Juden« der Vorwurf des »Christusmords« erhoben. Ja, »den Juden« wird sogar Gottlosigkeit, Menschenfeindschaft und die Behinderung der frühchristlichen Missionstätigkeit vorgeworfen. In keiner anderen Passage des Neuen Testaments werden »die Juden« in so umfassender Weise angegriffen und herabgewürdigt. Die Bibelwissenschaft hegt Zweifel, ob diese Passage wirklich zum ursprünglichen Bestand des 1. Thessalonicherbriefs gehört, dem ältesten neutestamentlichen Dokument. Denn es wird nicht nur auf die deutlich ältere Matthäus-Passage angespielt und auf die Zerstörung Jerusalems 70 n. Chr. durch die Römer. Der Duktus entspricht auch nicht dem der anderen paulinischen Briefe. Doch auch wenn die Verse eine spätere Hinzufügung sein sollten, so bleibt doch das Problem ihrer Aussage.

Insgesamt problematisch in seiner Haltung »den Juden« gegenüber ist das Johannesevangelium. Gegen »die Juden« wird im vierten Evangelium häufig polemisiert. Die Anwürfe gipfeln in Johannes 8,44. Jesus ist hier im Gespräch mit »den Juden«. Er wirft ihnen vor, dass sein Wort bei ihnen keine Aufnahme findet, dass sie seine Wahrheit nicht hören und ihn deshalb töten wollen. Jesus wird eine extreme Aussage in den Mund gelegt:

»Ihr habt den Teufel zum Vater, und ihr wollt das tun, wonach es euren Vater verlangt. Er war ein Mörder von Anfang an. Und er steht nicht in der Wahrheit; denn es ist keine Wahrheit in ihm. Wenn er lügt, sagt er das, was aus ihm selbst kommt; denn er ist ein Lügner und er ist der Vater der Lüge.« (Johannes 8,44) In der christlichen Theologie wird diese Aussage »die Teufelskindschaft der Juden« genannt.

Johannes-evangelium: Nicht Antijudaismus, sondern innerjüdische Streitigkeiten

Wie sind solche Texte einzuordnen? Die bibelwissenschaftliche Antwort lautet: Was sich wie eine antijudaistische Aussage anhört, kann in historischer Sicht keine sein. Denn diese Dokumente entstammen einer Gemeinschaft, die sich selbst noch als Teil des Judentums versteht. Wenn hier also von »den Juden« die Rede ist, so liegen innerjüdische Streitigkeiten vor. Diese können sich gegen pharisäische oder sadduzäische Gruppen (vgl. S. 62 f.) richten oder auch gegen andere frühchristliche Gruppen. Gerade beim Johannesevangelium könnte die Erklärung greifen, dass die große Nähe der Gruppierungen zur Notwendigkeit einer scharfen Abgrenzung führt. Teilweise bestehen sogar Parallelen zwischen neutestamentlichen und alttestamentlichen Texten. Denn auch im Alten Testament gehen vor allem die Propheten Israels mit ihrem Volk intensiv ins Gericht, werfen ihm falsches kultisches oder soziales Verhalten vor oder sprechen sogar von seiner Verderbnis. Hier wäre es völlig abwe-

gig, von Antijudaismus zu sprechen. In den alttestamentlichen Texten sollte man von inneris-
raelitischer Kritik sprechen und in den meisten
neutestamentlichen von innerjüdischer Kritik.

Manchen neutestamentlichen Texten können
allerdings tatsächlich antijudaistische Vorstellun-
gen zugrunde liegen. Bereits in der Antike gibt es **Antijudaismus**
Denkweisen, die gegen »die Juden« Stimmung **in der Antike**
machen oder sie pauschal abwerten. Ein antikes
Stereotyp wird wohl mit dem Vorwurf der Men-
schenfeindlichkeit in 1. Thessalonicher 2,14–16
aufgegriffen. Auch die antijudaistische Ausle-
gungstradition neutestamentlicher Texte reicht
bis in die Antike zurück. Desgleichen können
ursprünglich innerjüdische Debatten auf diesem
Hintergrund antijudaistisch verstanden werden.
Vor allem christliche Theologen sind es, die antijudaistische Auslegungen entwerfen und verbrei-
ten. Manches Mal versucht sich das Christentum
dadurch einen Vorteil gegenüber der jüdischen
Schwesterreligion zu verschaffen. Vor allem seit
Ausbreitung des Christentums unter Konstantin
dem Großen (306–337 n. Chr.; vgl. S. 41) nehmen
antijudaistische Haltungen in der christlichen
Theologie zu.

In der christlichen Auslegung neutestament- **»Tora« nur als**
licher, aber auch alttestamentlicher Texte schla- **»Gesetz«?**
gen sich solche Tendenzen in unterschiedlicher
Weise nieder. So wird der Begriff »Tora«, der die
gute Lehre und Weisung Gottes für das jüdische
Leben bezeichnet, mit »Gesetz« oder ähnlichen
Termini übersetzt. Dies tut bereits die Septua-

ginta, die griechische Übersetzung des Alten Testaments. In einem weiteren Schritt jedoch wird dieses »Gesetz« im frühen Christentum auf Gesetzlichkeit enggeführt und dem christlichen Evangelium, der »frohen Botschaft«, gegenübergestellt. Auf diese Weise erscheint das Judentum als harte, enge Gesetzesreligion und als Negativfolie, vor der sich das Christentum als positive Religion der Gnade und Liebe Gottes abhebt.

»Gesetz« und »Evangelium«: christliche Tendenzen, sich dem Judentum gegenüber positiv abzugrenzen

In ähnlicher Weise werden zahlreiche alt- und neutestamentliche Texte übersetzt und ausgelegt. Immer wieder brechen sich in den mittlerweile bald 2000 Jahren christlicher Tradition antijudaistische Tendenzen Bahn. Sie können politisch gestützt, sozial befördert oder kirchlich begünstigt sein. Viele Jahrhunderte lang werden christliche Gläubige dazu angehalten, antijudaistisch zu denken. Das Judentum erscheint als bloße Vorläuferreligion des Christentums, mit dessen Erscheinen sie überholt ist. Die Heilsverheißungen Gottes seinem Volk Israel gegenüber sind angeblich seit Jesus Christus auf die Kirche übergegangen. Israel bzw. das Judentum hat in dieser Sicht die göttliche Erwählung verloren.

Wie ließe sich hier gegensteuern, um die historisch fatale Geschichte des christlichen Antijudaismus nicht noch weiter fortzuschreiben? Im Blick auf das Neue Testament und das Beispiel Johannes 8,44 wäre eine Reihe von Strategien denkbar. Statt solch einem Vers in der Abschnittsüberschrift »Abrahamskinder und Teufelskinder« noch größeres Gewicht zu verleihen

– so in der Lutherbibel von 1984 –, könnten sie mit einer Erläuterung versehen werden. Stärker sollte in Kommentaren darauf hingewiesen werden, dass es sich um innerjüdische Debatten handelt und die heutige Gegenüberstellung von »den Juden« und »den Christen« noch gar nicht existierte. »Die Juden« im Johannesevangelium sind nicht »die Juden«, die wir heute kennen, sondern eine johanneische Bezeichnung jeweils unterschiedlicher Gruppen. Johannes betont zudem häufiger, dass Jesus selbst Jude ist. Auch könnte an biblische Texte mit einer ganz anderen Stoßrichtung erinnert werden, so etwa in Johannes 4,22.

> ... das Heil kommt von den Juden.
>
> **Johannes 4,22**

Solche Schritte sollten gegangen werden, um auf das antijudaistische Potential und die entsprechende Geschichte neutestamentlicher Texte aufmerksam zu machen und die Gefahr zu bannen, die ihnen bei bestimmten Lesweisen innewohnt.

»Die Bibel ist ein frauenfeindliches Buch«

Was die patriarchale Entstehungszeit der Bibel für Frauen heute bedeutet

Unter Berufung auf biblische Texte sind Frauen über viele Jahrhunderte im Judentum wie im Christentum Männern untergeordnet worden. Eine wichtige Rolle hat in der christlichen Auslegungsgeschichte vor allem die Schöpfungs- und Paradieserzählung Genesis 2 f. gespielt. Da die erste Frau aus der »Rippe« des Mannes Adam und nach ihm erschaffen wurde, wird sie als das nachrangige und ihm untergeordnete menschliche Wesen angesehen. Später wird »Eva« zur Hauptverantwortlichen für den »Sündenfall« (Genesis 3), durch den das Böse in die Welt kam. So legt es später Sirach 25,24 aus: »Von einer Frau nahm die Sünde ihren Anfang; ihretwegen müssen wir alle sterben.« Die »gottgewollte« Unterordnung von Frauen unter Männer wird im Neuen Testament aufgenommen und erneut festgeschrieben (z. B. in 1 Korinther 11,3.7–9; Epheser 5,21–33). Diese Sichtweise hat bis heute ihre Prägekraft behalten, insbesondere in Kreisen, die dem Fundamentalismus nahe stehen (vgl. S. 80–82).

(Marginalie:) **Die Frau als Hauptverantwortliche für den Sündenfall**

Die Schöpfungs- und Paradieserzählung in Genesis 2 f. bietet nur einen kleinen, dafür aber wichtigen Ausschnitt, wie biblische Texte mit für Frauen negativen Konsequenzen ausgelegt werden. Ein weiteres Beispiel wäre das neutestamentliche Schweigegebot der Frau in der Gemeinde (1 Timotheus 2,8–15), das in den Kirchen lange Zeit dazu herangezogen wurde und wird, um Frauen das Priesteramt zu verwehren.

Es gibt nicht nur biblische Texte, die vermeintlich die Unterdrückung von Frauen fordern oder begünstigen. Es gibt auch viele Texte, in denen Frauen nur am Rande vorkommen. So in einem der wichtigsten Texte in Judentum und Christentum, dem Dekalog, den Zehn Geboten. Hier richtet sich das zehnte Gebote offensichlich nur an Männer.

> »Du sollst nicht verlangen nach der Frau deines Nächsten ...«
> aus Exodus 20,17 bzw. Deuteronomium 5,21

An vielen anderen Stellen sind Frauen nur Randfiguren. Relativ selten sind sie in Erzähltexten die Handlungsträgerinnen oder gar positiven Heldinnen, Mose oder David vergleichbar. Und wenn Frauen denn einmal in den Mittelpunkt gerückt werden, fallen negative Darstellungen umso stärker ins Gewicht. Wie in jenen alttestamentlichen Texten, in denen das Volk Israel oder die Stadt Jerusalem im Bild einer ehebrecherischen Frau dargestellt werden (Hosea 1–3, Ezechiel 16 und 23 u. a. m.). Das Bild arbeitet mit der Verknüpfung eines menschlichen Ehepaares mit dem »Paar« Gott samt seiner »Ehefrau« Israel/ Jerusalem. Dem weiblichen Part wird als Haupteigenschaft eine ehebrecherische Neigung zugeordnet. Der männliche Part dagegen ist der unschuldige, betrogene und teilweise verzeihende Ehemann. Bei dieser Rollenverteilung kommt

Frauen als Randfiguren

der Mann auf der Seite Gottes zu stehen. »Seine« moralische und rechtliche Überlegenheit in der Ehe wird durch diese Parallelisierung suggeriert und sanktioniert. Auf der anderen Seite weist die Metaphorik Frauen eine negative Rolle zu, weil sie sie als Symbole für Ehebruch und unmoralisches Handeln benutzt. Verstärkt wird eine eher abwertende Sicht auf Frauen dadurch, dass Gott in der Bibel durchgängig grammatisch maskulin angesprochen und das göttliche Handeln ganz überwiegend in Bildern aus männlichen Lebenszusammenhängen geschildert wird. Gott erscheint als Richter, König und Vater, kaum dagegen in entsprechenden weiblichen Rollen. Weiblichkeit erscheint so im Unterschied zu Männlichkeit kaum fähig, das Göttliche abzubilden.

Ist die Bibel also tatsächlich ein frauenfeindliches Buch? Zur Beantwortung der Frage sind mehrere Aspekte in den Blick zu nehmen. Zum einen ist die Bibel fraglos in einer Welt entstanden, in der die Gesellschaften patriarchal organisiert sind. Machtpositionen werden auf jeder gesellschaftlichen Ebene bis auf wenige Ausnahmen von Männern besetzt. Frauen haben in der Regel (vgl. S. 57) gegenüber Männern einen geminderten Rechtsstatus. Auch liegen die Ressourcen für die Textabfassung wie Schreib- und Lesekundigkeit, Schreibmaterialien, Zeit und Bildung überwiegend in den Händen von Männern. Deshalb sind wohl die meisten biblischen Texte primär von Männern verfasst und spiegeln häufig deren Blick auf Frauen als »die Anderen«. Dieses Phänomen wird als »Androzentrismus« be-

zeichnet, der in vielen biblischen Texten anzu-
treffen ist. Seltener dagegen findet man die Abwertung von Frauen aufgrund ihres Geschlechts.
Eine solche Haltung wäre »sexistisch« zu nennen
und stellt eine Verschärfung gegenüber dem Androzentrismus dar. Frei von Sexismus ist die Bibel nicht. Doch ist ihre Auslegung häufig sexistischer als sie selbst – vor allem die christliche. So
schreibt der Kirchenvater Tertullian (ca. 150–223
n. Chr.) über die Frau(en): »Du bist es, die dem
Teufel Eingang verschafft hat, du hast zuerst das
göttliche Gesetz im Stich gelassen, du bist es
auch, die denjenigen betört hat, dem der Teufel
nicht zu nahen vermochte. So leicht hast du den
Mann, das Ebenbild Gottes, zu Boden geworfen.
Wegen deiner Schuld, d. h. um des Todes willen,
musste auch der Sohn Gottes sterben.« In solchen und ähnlichen Aussagen spiegelt sich der
Einfluss philosophischer Strömungen wie dem
Neuplatonismus, der eine Tendenz zur Abwertung von Frauen hat.

Die Auslegung der Bibel ist oft sexistischer als sie selbst

Das Zitat von Tertullian ist eine Spitzenaussage
frauenfeindlicher christlicher Exegese. Es gibt
allerdings auch weniger augenfällige Mittel, mit
denen gerade im Christentum der Abwertung
und Unsichtbarmachung von Frauen Vorschub
geleistet wird. In den evangelischen Kirchen beispielsweise schlagen sich solche Tendenzen immer noch in der Auswahl der gottesdienstlichen
Predigt- und Lesungstexte nieder. Die ohnehin
vorhandene Unterrepräsentanz von Frauen in der
Bibel wird in dieser Auswahl nicht korrigiert, sondern verstärkt: Nur 4,6 % der Predigttexte sind im

weiteren Sinne »Frauentexte«. Zudem kommen häufig die gleichen Frauen in der Weihnachts- und Osterzeit vor; hier sind sie schlicht nicht zu vermeiden. So sind es vor allem die immer gleichen Männergestalten, die in den Kirchen bekannt sind und in Predigt und Unterricht vorkommen. Darüber hinaus werden häufig durch die Art der Behandlung von Texten Geschlechterklischees nicht hinterfragt, sondern zementiert.

Feministische Theologie

Gerade beim christlichen Umgang mit biblischen Texten über Frauen wäre also vieles zu verbessern. Seit etwa 30 Jahren gibt es eine theologische Richtung, die sich auch mit solchen Fragen befasst: die feministische Theologie. Mittlerweile ist dies ein höchst ausdifferenzierter theologischer Zweig, den es nicht nur im Christentum und Judentum gibt. Seit den Anfängen befassen sich feministische Theologinnen auch mit biblischen Texten und ihren Auslegungen. Dabei entwickeln sie unterschiedliche Umgangsweisen. Weniger einflussreich ist eine Richtung, die die Bibel als Buch einer patriarchalen Welt und Zeit komplett ablehnt, weil aus ihr keine positiven Perspektiven für den Kampf von Frauen um gleiche Rechte und bessere Lebensmöglichkeiten gewonnen werden können. Eine andere Richtung versucht, die biblischen Texte stärker von den Auslegungen zu trennen, die sie erfahren haben. Hier liegt die Beobachtung zugrunde, dass die Texte selbst – in ihrem historischen Kontext gelesen – für Frauen meist weniger negativ sind als die späteren Auslegungen. In diese Richtung

DIE BIBEL UND IHRE DUNKLEN SEITEN

geht die bildliche Umsetzung der Figur der Eva von Elvira Bach (* 1951). Sie hebt Evas Selbstbewusstsein hervor.

In einer dritten Sichtweise wird der patriarchale Entstehungskontext der biblischen Texte berücksichtigt, führt aber nicht zu ihrer völligen Diskreditierung. In die Texte können nämlich manchmal »Frauenstimmen« eingeschrieben sein. Dies ist etwa bei Totenklagen wahrscheinlich. Denn in der Antike werden Totenklagen (z. B. Jeremia 9,16–21) ganz überwiegend von professionellen Klagefrauen angestimmt. So ist es wahrscheinlich, dass verschriftlichte Totenklagen Material enthalten, das von Frauen stammt.

Elvira Bach, Die andere Eva, 1984

Eine ähnliche Position wie diese versucht, den Blick der Lesenden innerhalb der Bibel auf weniger bekannte Texte und Bilder zu lenken. Nun werden nicht mehr primär Frauen abwertende Texte neu gedeutet, sondern beispielsweise solche, die weibliche Sexualität und sexuelles Begehren von Frauen positiv darstellen (z. B. das Hohelied), oder solche, die Frauen bei der Gegenwehr gegen Gewalt unterstützen können (z. B. Jaël im Deboralied, Richter 5,24–27; oder Judith in Judith 13,1–10). Auch können starke Frauengestalten aus biblischen Erzählungen neu erinnert werden: die »Erzmütter« (Genesis 12–36.38); die Hure Rahab (Josua 2 und 9); Rut, Judit

Die starken Frauen der Bibel

Krönung Esters

oder Ester in den nach ihnen benannten Büchern; Elisabeth (Lukas 1); die Frau, die Jesus salbt (Markus 14,3–9) oder Maria von Magdala (Markus 16; Johannes 20).

Sie können als Identifikationsfiguren für heutige Frauen auf ihrem Weg zur Befreiung von gesellschaftlicher Unterdrückung und alten Rollenklischees dienen. Vergessene weibliche Gottesbilder der Bibel werden wiederentdeckt, um der überwiegenden Männlichkeit Gottes in der christlichen Tradition etwas entgegenzusetzen. So erscheint Gott gehäuft im Jesajabuch (1,2; 42,14; 46,3 f.; 49,14 f.; 63,13) im Bild einer Mutter. In anderen Texten wird Gott als Quelle, Fels, Sonne usw. angesprochen und damit auch mit nicht-männlichen Bildern verbunden.

Die Frage danach, ob die Bibel ein patriarchales Buch ist, ist also zu bejahen – wenn damit ihre Entstehungszeit und die Entstehungsbedingungen gemeint sind. Das muss allerdings nicht bedeuten, dass es das Anliegen biblischer Texte ist, zu allen Zeiten zur Unterdrückung von Frauen beizutragen. Die Wirkung biblischer Texte wird entscheidend davon geprägt, wie mit ihnen umgegangen wird, in welcher Absicht und mit welcher Haltung sie gelesen und ausgelegt werden. So *kann* die Bibel als Instrument der Frauenunterdrückung eingesetzt werden – was vor allem im Christentum lange Zeit geschehen ist. Die Bibel kann aber auch anders verstanden werden. Wenn Texte wie Genesis 1,26–28 über die Gottebenbildlichkeit von Mann und Frau oder Galater 3,28 über die Gleichheit von Frauen und Männern in Christus die Bibelauslegung leiten, lassen sich positive, befreiende Impulse aus vielen biblischen Texten gewinnen.

> »Und Gott sprach: Wir wollen Menschen machen als unser Bild, von unserer Gestalt, damit sie die Fische des Meeres und die Vögel des Himmels und das Vieh und alle Tiere auf der Erde unterwerfen und alle Kriechtiere, die auf der Erde kriechen. Und Gott schuf den Menschen als sein Bild, als Bild Gottes schuf er ihn, männlich und weiblich schuf er sie.«   Genesis 1,26–27

Dann können die neuen Texte in den Mittelpunkt rücken, die bislang eher selten ausgelegt worden sind, und die Möglichkeiten für befreiende Anknupfungen oder stärkende Identifikationen enthalten.

Schluss –
Die Zukunft der Bibel

Wie sieht die Zukunft der Bibel aus? Sicher wird sie im Judentum wie im Christentum weiter als kanonischer oder als heiliger Text ausgelegt werden. Sie wird weiter ein bedeutsames Buch für Angehörige der beiden Religionen sein. Aufgrund der fortschreitenden Säkularisierung in der westlichen Welt kann die Kenntnis ihrer Inhalte in breiten Kreisen der Bevölkerung nicht mehr vorausgesetzt werden.

Doch die Bibel ist mehr als ein religiöses Buch. Je weniger wir in einer christlich geprägten Kultur leben, umso stärker tritt ins Bewusstsein, dass sie ein sehr wichtiges Dokument unserer Kultur ist. Vielleicht wird sie bald stärker als Gegenstand kulturwissenschaftlicher Untersuchungen in den Blick kommen. Wird die Bibel in entsprechender Weise untersucht, dann lassen sich über sie unsere »fremden« Wurzeln in den Kulturen des Alten Orients und der griechischen Antike entdecken.

In der Auslegung der Bibel werden zunehmend neue Wege beschritten. Der historisch-kritische Methodenkanon wird bereits jetzt um Methoden ergänzt, die weniger an der Entstehung der Texte als mehr an ihrer vorfindlichen Gestalt orientiert sind. Das könnte auch jüdische und christliche Bibelauslegung stärker zusammenführen. Die Entdeckung der Vielfalt der in der Bibel vertretenen Sichtweisen könnte in beiden Religionen dazu beitragen, sich den Herausforderungen gesellschaftlicher Pluralität stärker zu stellen als bisher.

Die Mehrzahl der Bibellesenden lebt bereits jetzt in den Ländern der Südhalbkugel und damit in Kulturen, die weniger von der Aufklärung geprägt sind als die westlichen Kulturen. Die Zugänge solcher Menschen werden in Zukunft in der Bibelauslegung eine größere Rolle spielen. So könnte die Bibel dazu beitragen, das Gespräch zwischen den unterschiedlichen Kulturen anzuregen, die sich auf sie beziehen.

Anhang

Literaturverzeichnis

Aland, Barbara und Kurt u. a. (Hg.), Novum Testamentum Graece post Eberhard et Erwin Nestle, 27., revidierte Auflage, Stuttgart 1993

Baumann, Gerlinde, Gottesbilder der Gewalt im Alten Testament verstehen, Darmstadt 2006

Berger, Klaus, Sind die Berichte des Neuen Testaments wahr? Ein Weg zum Verstehen der Bibel, Gütersloh 2002

Buber, Martin, Die Schrift, verdeutscht, gemeinsam mit Franz Rosenzweig, Nachdruck der neubearbeiteten Ausgabe von 1954, Stuttgart 1992

Dohmen, Christoph/Stemberger, Günter, Hermeneutik der jüdischen Bibel und des Alten Testaments, Stuttgart u. a. 1996

Elliger, Kurt/Rudolph, Wilhelm (Hg.), Biblia Hebraica Stuttgartensia, 4., verbesserte Auflage, Stuttgart 1990

Frankemölle, Hubert (Hg.), Lebendige Welt Jesu und des Neuen Testaments. Eine Entdeckungsreise, Freiburg i. Br. 2000

Haag, Herbert/Kirchberger, Joe H./Sölle, Dorothee (Hg.), Große Frauen der Bibel in Bild und Text, Freiburg i. Br. 2001

Katholische Bischöfe Deutschlands/Rat der Evangelischen Kirche in Deutschland/ Deutsche Bibelgesellschaft – Evangelisches Bibelwerk (Hg.), Ökumenisches Verzeichnis der biblischen Eigennamen nach den Loccumer Richtlinien, 2. Auflage, Stuttgart 1981

Kienzler, Klaus, Der religiöse Fundamentalismus. Christentum, Judentum, Islam, 4. Auflage, München 2002

Lang, Bernhard, Die Bibel. Eine kritische Einführung, 2. Auflage, Paderborn 1994

Maier, Johann, Judentum von A–Z. Glauben, Geschichte, Kultur, Freiburg i. Br. 2001

Plaut, Wolfgang Gunther (Hg.), Die Tora in jüdischer Auslegung, autorisierte Übersetzung und Bearbeitung von Annette Böckler, 5 Bände, Gütersloh 1999–2004

Plisch, Uwe-Karsten, Was nicht in der Bibel steht. Apokryphe Schriften des frühen Christentums, Stuttgart 2006

Reventlow, Henning Graf, Epochen der Bibelauslegung, 4 Bände, München 1990–2001

Riches, John, The Bible. A Very Short Introduction, Oxford 2000

Schottroff, Luise/Schroer, Silvia/Wacker, Marie-Theres, Feministische Exegese. Forschungserträge zur Bibel aus der Perspektive von Frauen, 2. Auflage, Darmstadt 1997

Schottroff, Luise/Wacker, Marie-Theres (Hg.),
Kompendium Feministische Bibelauslegung,
2. Auflage, Gütersloh 1999

Sekretariat der Deutschen Bischofskonferenz
(Hg.), Die Interpretation der Bibel in der Kirche. Ansprache Seiner Heiligkeit Johannes
Paul II. und Dokument der Päpstlichen Bibelkommission, 23. April 1993, Verlautbarungen
des Apostolischen Stuhls 115, 2., korrigierte
Auflage, Bonn 1996

Staubli, Thomas, Begleiter durch das Erste
Testament, 2. Auflage, Düsseldorf 1999

Stemberger, Günter, Midrasch: Vom Umgang der
Rabbinen mit der Bibel. Einführung – Texte –
Erläuterungen, München 1989

www.bibel-in-gerechter-sprache.de (zum Hintergrund der Übersetzung einiger biblischer
Texte, u. a. auch im Blick auf Antijudaismus)

www.wibilex.de (Wissenschaftliches Bibel-
lexikon im Internet, das derzeit noch im
Aufbau ist; soll bei Fertigstellung über 2000
Artikel umfassen)

Zenger, Erich (Hg.), Lebendige Welt der Bibel.
Entdeckungsreise in das Alte Testament,
Freiburg i. Br. 1997

Glossar

deuterokanonische Schriften: die sieben Schriften, die in der Septuaginta enthalten sind, aber nicht im hebräischen Alten Testament (Tobit, Judit, 1./2. Makkabäer, Baruch, Weisheit Salomos, Sirach)

Hellenismus: Kultur bzw. Religion, die im Griechentum wurzelt und sich seit dem 4. Jahrhundert v. Chr. auch über den Vorderen Orient ausbreitet (vgl. 3.a)

JHWH: der Name Gottes im Alten Testament; Kunstwort, das nicht ausgesprochen werden kann

Mikra': eine der jüdischen Bezeichnungen der Bibel; wörtlich: »das Vorgelesene«

Qumran: Ort am Toten Meer, in dessen Nähe ab 1947 antike Schriftrollen u. a. mit alttestamentlichen Texten gefunden wurden (vgl. 2.a)

Septuaginta: die griechische Übersetzung des hebräischen Alten Testaments mit sieben weiteren Büchern (Tobit, Judit, 1./2. Makkabäer, Baruch, Weisheit Salomos, Sirach) sowie weiteren Ergänzungen

Pentateuch: die fünf ersten Bücher der Bibel (Genesis, Exodus, Leviticus, Numeri, Deuteronomium)

TaNaK: eine der jüdischen Bezeichnungen der Bibel; Kunstwort, das aus den Anfangsbuchstaben der hebräischen Bezeichnungen der drei Kanonteile gebildet ist: *tora* (Weisung) – *nebiim* (Propheten) – *ketubim* (Schriften)

Tora: die fünf ersten Bücher der Bibel (Genesis,

Exodus, Leviticus, Numeri, Deuteronomium);
im Judentum auch: die gute Weisung bzw.
Lehre Gottes

Vulgata: lateinische Bibelübersetzung; in der
katholischen Kirche bis in jüngste Zeit die
maßgebliche Bibelübersetzung

Bildnachweis

Abb. S. 13: Anlage von Qumran, in: Frankemölle,
Hubert (Hg.), Lebendige Welt Jesu und des
Neuen Testaments. Eine Entdeckungsreise,
Freiburg i. Br. 2000, S. 126

**Abb. S. 27: Tschechischer Maler um 1740:
Haggada aus Morava (Mähren): König David,
Harfe spielend**

**Abb. S. 31: Papyrus P 52, auf dem Fragmente aus
Johannes 18,31–33.37 f. zu lesen sind.** Foto: Alex-
ander Schick © www.bibelausstellung.de

**Abb. S. 51: Assyrer fällen Dattelpalmen während
eines Kriegszuges, Palastrelief aus Ninive,
Anfang 7. Jh. v. Chr.** (British Museum, London;
BM WAA Or. Dr. IV, 41; Umzeichnung von
Gerlinde Baumann)

**Abb. S. 54/55: Landkarten des Vorderen Orients
und des Mittelmeerraumes** (Archiv Herder)

Abb. S. 70: Gottheit im Kampf mit Urmonster (assyrisches Rollsiegel aus dem 9./8. Jahrhundert v. Chr.; VR 1993.6 der Sammlung »BIBEL+ORI-ENT« der Universität Fribourg, Schweiz)

Abb. S. 88: Rabbinerbibel mit dem Text von Genesis 1,1 und Kommentierungen, in: Zenger, Erich (Hg.), Lebendige Welt der Bibel. Entdeckungsreise in das Alte Testament, Freiburg i. Br. 1997, S. 189

Abb. S. 100: Albrecht Dürer: Die apokalyptischen Reiter, Holzschnitt, Staatliche Kunsthalle, Karlsruhe

Abb. S. 117: Elvira Bach: Die andere Eva, 1984 © VG Bild-Kunst, Bonn 2008

Abb. S. 118: Krönung Esters, in: Haag, Herbert u. a. (Hg.), Große Frauen der Bibel in Bild und Text, Freiburg i. Br. 2001, S. 110